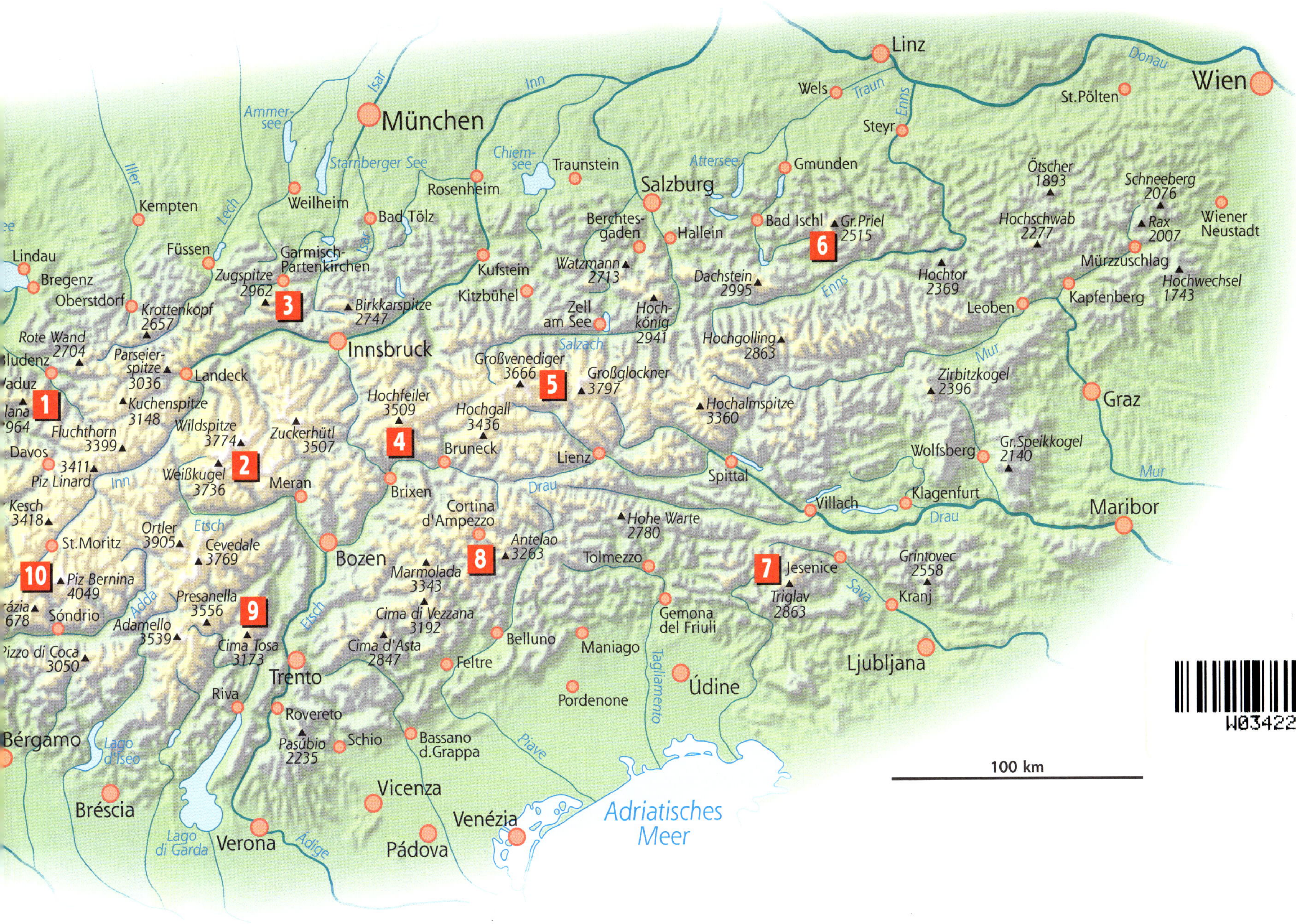
Linz
Donau
Wien
Wels
Traun
Enns
St.Pölten
Steyr
München
Isar
Inn
Ammer-see
Starnberger See
Chiem-see
Traunstein
Attersee
Gmunden
Salzburg
Rosenheim
Weilheim
Iller
Kempten
Lech
Bad Tölz
Berchtes-gaden
Hallein
Bad Ischl
Gr.Priel 2515
Ötscher 1893
Schneeberg 2076
Hochschwab 2277
Rax 2007
Wiener Neustadt
Lindau
Bregenz
Füssen
Garmisch-Partenkirchen
Kufstein
Watzmann 2713
Dachstein 2995
Hochtor 2369
Mürzzuschlag
Hochwechsel 1743
Oberstdorf
Zugspitze 2962
Krottenkopf 2657
Birkkarspitze 2747
Kitzbühel
Zell am See
Hoch-könig 2941
Kapfenberg
Leoben
Rote Wand 2704
Innsbruck
Salzach
Hochgolling 2863
Mur
Parseier-spitze 3036
Landeck
Großvenediger 3666
Großglockner 3797
Zirbitzkogel 2396
Kuchenspitze 3148
Hochfeiler 3509
Hochgall 3436
Hochalmspitze 3360
Graz
Fluchthorn 3399
Wildspitze 3774
Zuckerhütl 3507
Davos
3411
Piz Linard
Bruneck
Lienz
Wolfsberg
Gr.Speikkogel 2140
Inn
Weißkugel 3736
Meran
Brixen
Drau
Spittal
Kesch 3418
Etsch
Cortina d'Ampezzo
Villach
Klagenfurt
Drau
Maribor
St.Moritz
Ortler 3905
Cevedale 3769
Hohe Warte 2780
Bozen
Antelao 3263
Tolmezzo
Jesenice
Grintovec 2558
Piz Bernina 4049
Marmolada 3343
Sava
Triglav 2863
Presanella 3556
Kranj
Adda
Sóndrio
Adamello 3539
Cima di Vezzana 3192
Gemona del Friuli
Etsch
Cima Tosa 3173
Belluno
Maniago
Pizzo di Coca 3050
Cima d'Asta 2847
Tagliamento
Feltre
Ljubljana
Trento
Údine
Riva
Pordenone
Rovereto
Pasúbio 2235
Schio
Bassano d.Grappa
Bérgamo
Lago d'Iseo
Piave
Vicenza
Bréscia
Adriatisches Meer
Lago di Garda
Verona
Ádige
Venézia
Pádova
100 km

TRAUMPFADE VON HÜTTE ZU HÜTTE
ABENTEUER WEITWANDERN

TRAUMPFADE VON HÜTTE ZU HÜTTE

MARK ZAHEL

ABENTEUER WEITWANDERN

BRUCKMANN

Inhalt

Vorwort

Es scheint, als erlebe das Wandern gerade eine Art Renaissance. Mag es zeitweilig als altmodisch, vielleicht gar »uncool« gegolten haben, so ist es mittlerweile populärer denn je. Auch bei jüngeren Menschen. Diese Meinung vertreten nicht nur Trendforscher, man kann es auch unmittelbar nachempfinden, wenn man selbst draußen unterwegs ist. Viele Menschen suchen aktive Gegenpole zu ihrem sonstigen Leben, das meist fernab davon abläuft, was sich »Natur« nennt.

Eines der schönsten Wandergebiete überhaupt liegt in den Alpen. Und damit meine ich die Alpen in ihrer Gesamtheit, die vielfältiger sind als es den meisten wahrscheinlich bewusst ist. Werfen Sie einen Blick in dieses Buch und vergleichen Sie einmal die Urner Alpen mit den Dolomiten oder das Tote Gebirge mit der Bernina. Sie werden verblüfft sein, welch grandiose Mannigfaltigkeit an Landschaftsformen sich darin manifestiert!

Es heißt, die körperliche Betätigung des Wanderns mache uns erst für die Landschaft empfänglich. Wir sehnen uns nach Augenblicken des Glücks, wenn wir auf Schusters Rappen in großartige, ursprünglich erhaltene Naturräume eintauchen, möchten Bilder in uns aufsaugen und sie tief im Herzen festhalten. Das Erlebnis einer Bergwanderung kann wirklich tiefgreifend sein. Besonders wenn man sich Zeit nimmt für dieses Erleben, wenn man tagelang, vielleicht gar wochenlang auf Höhenwegen die schönsten Gebiete durchstreift und das ganze Drumherum ohne Ablenkung auf sich wirken lässt. Ein zauberhafter Sonnenaufgang, der den taufrischen Morgen vergoldet, brütende Mittagshitze unter gleißendem Licht, eine bedrohliche Gewitterstimmung, Wolkenspiele in der Abenddämmerung oder die Magie einer sternklaren Nacht in den Bergen – all das und noch viel mehr bekommen wir immer wieder hautnah und ohne Filter geboten. Im wahrsten Sinne des Wortes lässt man die Niederungen des Alltags hinter sich und bricht in Höhen auf, die den Horizont erweitern – im direkten wie im übertragenen Sinn. Schritt für Schritt erwandert man das Gebirge, lernt es aus den verschiedensten Blickwinkeln kennen und erlebt es damit in einer außergewöhnlichen Intensität.

Seitdem ich in die Berge gehe, fasziniert mich diese Art des Unterwegsseins in besonderem Maße. Und ich weiß, dass viele von Ihnen ganz ähnlich empfinden. Nicht umsonst wurde dem ersten Band der »Traumpfade« ein großes Interesse entgegengebracht. Umso mehr freut es mich, jetzt einen Folgeband präsentieren zu können, der den ersten in hervorragender Weise ergänzt. Wieder sind 15 reizvolle Durchquerungen von Hütte zu Hütte erkundet worden, kreuz und quer über die Alpen verteilt und damit so facettenreich, wie man es sich nur vorstellen kann. Neben berühmten Klassikern finden sich weniger bekannte, sogar einige ganz neu ausgetüftelte Routen, die in dieser Form noch nie beschrieben wurden.

Ich hoffe, Ihnen mit diesen Tourenvorschlägen wertvolle Anregungen zu geben, und wünsche Ihnen unvergesslich schöne Tage auf Ihren ganz persönlichen »Traumpfaden«. Mögen Ihnen ebenso eindrückliche Erlebnisse zuteil werden, wie sie mir bei den Erkundungen für dieses Buch beschert wurden.

Mark Zahel

Linke Seite: Sonnenaufgang am Furkapass.

Der herzförmige Lagh de Calvaresc über dem Calancatal in Südbünden.

Einleitung

Der Sinn des Wanderns liegt im Unterwegssein an sich. Der zurückzulegende Weg wird zum Ziel, das Erlebte und Gesehene – wie immer es auch ausfallen mag – reiht sich zu einer spannungsreichen Folge, die jeder Wanderung einen einzigartigen Inhalt gibt. In dieser Hinsicht stehen alpine Durchquerungen auf der Wunschliste vieler Bergwanderer ganz weit oben. Kein Wunder, handelt es sich doch um die beste Möglichkeit, eine Gebirgsgruppe in ihren vielfältigen Wesenszügen wirklich kennen zu lernen. Den großen Reiz solcher Touren erkannte man schon ausgangs des 19. Jahrhunderts, als die Alpen allmählich mit Hütten und Wegen erschlossen wurden. Dabei wurden benachbarte Stützpunkte untereinander vernetzt, sodass man größere Areale relativ komfortabel durchwandern konnte, ohne zwischenzeitlich in die Täler absteigen zu müssen. Solche attraktiven »Hautes Routes« besitzen also eine lange Tradition und haben bis heute nichts von ihrer Faszination eingebüßt. Im Gegenteil: Im Zuge des aktuellen »Wanderbooms« erscheinen sie in einem ganz neuen Licht.

»Abenteuer Trekking« in den Alpen

Vielfach hört man, wie schlecht es um die Alpen bestellt und wie übererschlossen alles sei. Punktuell mag das stimmen. Wer sich aber als Durchquerer gleichsam »in die Fläche« begibt, entdeckt daneben umfangreiche Gebiete wilder, weitgehend unversehrter Natur, wo vielleicht nur spärliche Wegspuren zwischen weit auseinander liegenden Hütten eine Andeutung von Zivilisation geben. Anderswo wieder blickt man auf eine Kulturlandschaft, in der Menschen seit Jahrhunderten im Einklang mit der Natur wirtschaften. Wer den Ausverkauf der Alpen pauschal und ohne Differenzierung beklagt, hat sie vermutlich niemals während längerer Wanderungen intensiv in Augenschein genommen. Keine Frage, Probleme gibt es genug und die Gefahr einer weitergehenden Zerstörung ist allenthalben vorhanden. Nichtsdestotrotz gibt es sie noch, die Idyllen, denen der Bergwanderer gemeinhin auf der Spur ist.

Während einer Durchquerung gewinnen wir jedenfalls ein ausführliches Bild von einem Gebiet. Wir reduzieren eine Tour nicht auf das Erreichen eines prestigeträchtigen Ziels, wo der Schuss des »Beweisfotos« zum entscheidenden Vorgang wird, nach dem Motto: Ich bin dort gewesen! Vielmehr lernen wir ein Gebirge in seiner ganzen Bandbreite kennen, lernen es Schritt um Schritt immer besser verstehen. In seinen liebreizenden Momenten, wenn die Sonne lacht und ein zauberhaftes Licht über die Landschaft legt, aber auch, wenn es sich wild und abweisend gebärdet, wenn uns Nebel, Regen oder Sturm die Unbilden der Natur unmittelbar spüren lassen. Wir bekommen Grenzen aufgezeigt, können aber auch Herausforderungen annehmen. Verwachsen, sozusagen auf »Du und Du« sein mit den Bergen – das ist das eigentliche Ziel.

Von Hütte zu Hütte

Die in diesem Buch vorgestellten Durchquerungen verlaufen ausnahmslos von Hütte zu Hütte. Um das Bergerlebnis nicht durch allzu heftige zivilisatorische Einflüsse zu stören, werden Talabstiege bewusst vermieden, es sei denn, die Topografie lässt keinen anderen Wegverlauf zu. Damit besteht ein deutlicher Unterschied zu gewissen Weitwanderwegen, die zwischendurch immer wieder »lästige« Abschnitte aufweisen, wenn große, von ausgedehnten Siedlungsräumen

Linke Seite: Beim Aufstieg zum Monte Pelmo schweift der Blick über die Bergketten der südöstlichen Dolomiten.

Herbststimmung, aufgenommen im Toten Gebirge.

Unterwegs am Panoramaweg über dem hinteren Göschenertal. Blickfang ist der 3630 Meter hohe Dammastock.

und Verkehrsachsen durchzogene Taleinschnitte passiert werden müssen. In unserem Fall wird in der Regel jeweils eine Gebirgsgruppe in den Mittelpunkt gestellt, mit der man sich binnen einer Woche – gern auch länger – intensiv beschäftigt. Mag jede Tour auch ihre speziellen Highlights besitzen, so möchte ich doch behaupten, dass man an sämtlichen Tagen voll auf seine Kosten kommt und nur äußerst selten uninteressante »Lückenfüller« zu bewältigen hat.

Die Hütten dienen als Etappenziele und gewähren neben dem Nachtlager fast immer auch eine Rundum-Verpflegung. Abgesehen von einigen privat geführten Unterkünften gehören sie den Alpenvereinen an und sind somit bestimmten Statuten unterworfen. Mitglieder erhalten Vergünstigungen. Man sollte kein »Dienstleistungsniveau« wie im Tal erwarten, sondern das einfachere, auf die menschlichen Grundbedürfnisse ausgerichtete Angebot akzeptieren. Das allgemein beklagte Problem der Überfüllung kommt bei weitem nicht so häufig vor, wie manche vielleicht vermuten. Gewiss, wer stets nur am Wochenende unterwegs ist und bestimmte Häuser in bestimmten Gebieten aufsucht, kann sich unter Umständen dieses Eindrucks nicht erwehren. Doch außerhalb der Ferienzeit und unter der Woche geht es meist wesentlich ruhiger zu. Der Bewirtschaftungszeitraum wird normalerweise bei jeder Hütte individuell festgelegt, wobei dieser oft der aktuellen Witterungssituation angepasst wird. Wer zu Beginn oder gegen Ende der Saison auf Tour geht, vergewissere sich deshalb vorher, um nicht plötzlich vor verschlossenen Türen zu stehen.

Die »Königsklasse« des Bergwanderns

An dieser Stelle möchte ich einen Satz aus dem ersten Band wiederholen, dem aus meiner Sicht große Bedeutung zukommt: Eine Durchquerung ist so etwas wie das Gesellenstück, eine anspruchsvolle quasi die Meisterprüfung des Bergwanderns. In der Tat sind die hier beschriebenen Touren keine leichten Spaziergänge, doch verlangen sie ebenso wenig außergewöhnliche bergsteigerische Fähigkeiten. Es muss vor allem die Bereitschaft mitgebracht werden, körperlichen Einsatz zu erbringen. Denn geschenkt bekommt man die Erlebnisse nicht und im Gegensatz zu gewöhnlichen Konsumgütern kann man sie auch nicht allein mit barer Münze begleichen. Doch liegt darin ja gerade der große Reiz.

Die Anforderungen weichen bei den verschiedenen Touren zum Teil recht stark voneinander ab. Generell gehören eine gute körperliche Verfassung und eine solide Kondition zu den wichtigsten Voraussetzungen. Denn Bergwandern ist ja in erster Linie Ausdauersport. Mögen die Tagesetappen mitunter auch nicht allzu lang sein, so wird für vollständige Durchquerungen doch stets eine gewisse Beharrlichkeit verlangt. Um bei Unerfahrenen keine falschen Vorstellungen zu wecken, sei erwähnt, dass »normale« Tagesmärsche bei rund fünf bis sechs Stunden reiner Gehzeit liegen und längere Etappen durchaus vorkommen können. Unterschätzen darf man dies nicht, insbesondere vor dem Hintergrund, dass man einen nicht ganz leichten Rucksack mit sich herumträgt, geländebedingte Schwierigkeiten auftreten können und auch die Wetterbedingungen nicht immer ideal sind.

Die meisten Touren verlaufen über weite Strecken auf ordentlich ausgebauten und bezeichneten Bergwegen, die bei guten Verhältnissen keine besonderen Hürden bereithalten. Mit der im Gebirge obligatorischen Trittsicherheit kann man sie begehen. Mitunter kommen aber auch weglose Passagen, ab und an leichte Kletterstellen in Fels- und Schrofengelände (bei den optionalen Gipfeln häufiger) und bei manchen Unternehmungen auch Gletschertraversen vor. Ein solches Anforderungsprofil verlangt dann schon einen umfangreicheren Erfahrungsschatz, den man am besten erwirbt, indem man sich langsam an anspruchsvollere Touren herantastet. Man sollte niemals an sein Limit gehen und – falls man in einer Gruppe unterwegs ist – stets das Leistungsvermögen schwächerer Teilnehmer im Auge behalten. Denn die Anforderungen sind nicht nur rein physischer Natur. Auch mental muss man oft Stärke beweisen und Vertrauen in die eigenen Fähigkeiten entwickeln, sollte diese aber gleichzeitig nicht überschätzen.

Gut (aus)gerüstet

Lässt sich eine leichte Tageswanderung vielleicht noch relativ spontan unternehmen, so wird bei einer längeren Durchquerung eine gründliche Planung und Vorbereitung unerlässlich. Bei der Auswahl einer Tour sind neben den persönlichen Vorlieben natürlich in erster Linie Charakter und Schwierigkeitsniveau (sowohl alpintechnisch als auch konditionell) zu berücksichtigen. Die in diesem Buch einschließlich seines Begleitführers enthaltenen Informationen sollen die Entscheidung, ob eine bestimmte Tour geeignet ist oder nicht, erleichtern. Setzen Sie sich erreichbare Ziele!

Mit Hilfe guter topografischer Karten können im Vorfeld Routenverläufe und Möglichkeiten studiert werden. Man sollte sich einen Rahmen entwerfen, in dem die Tour abläuft, sich gleichzeitig aber noch Spielraum für Variationen offen halten. Ein »generalstabsmäßiger« Plan, der jeden Tag im Voraus bis ins Detail festlegt, birgt die Gefahr, allzu rasch über den Haufen geworfen zu werden. Die Wahl des Tourenzeitpunktes sollte sich nicht ausschließlich nach dem eigenen Urlaubstermin, den der Chef genehmigt hat, sondern auch nach den äußeren Bedingungen richten. Die allgemeine Zeit für Hochgebirgswanderungen liegt – gemäß den üblichen Hüttenöffnungszeiten – zwischen Juli und September, in Ausnahmefällen geringfügig früher oder später. Unmittelbar vor Antritt der Tour verschaffe man sich Informationen über die aktuellen Verhältnisse vor Ort, wie etwa über die Begehbarkeit von Wegen. Meist können Hüttenwirte sowie alpine Auskunftsstellen weiterhelfen. Auf die besondere Bedeutung des Wetters wird später noch ausführlicher eingegangen.

Zur Vorbereitung gehört auch die körperliche Fitness, die man rechtzeitig auf Vordermann bringen sollte. Optimal ist natürlich regelmäßiges Bergwandern, das neben der Kondition auch die Trittsicherheit fördert. Aber auch andere

Ein Schutzhaus im Sinn des Wortes: Im höchsten Stockwerk der Ötztaler Alpen bietet das Brandenburger Haus dem Bergsteiger ein wertvolles Refugium.

bewegungsintensive Tätigkeiten wie Joggen oder Radfahren sind durchaus geeignet. Defizite in diesem Bereich werden sich womöglich durchschlagen, denn die Ausdauer ist auf Mehrtagestouren oft der Knackpunkt.

In diesem Zusammenhang sei auch das höhere Rucksackgewicht erwähnt. Natürlich ist die Ausrüstung etwas umfangreicher als bei Tagestouren. Solide Bergschuhe und wetterfeste Bekleidung, die vor Nässe und Kälte schützt (im Gebirge auch im Hochsommer!) bleiben das Wichtigste. Dazu kommt alles Notwendige für die Hüttenübernachtungen, wobei die Verwendung eines leichten Hüttenschlafsacks obligatorisch ist. Bei manchen Unternehmungen ist eine spezielle Hochtourenausrüstung mit Pickel und Steigeisen erforderlich – auf nicht ausgeaperten Gletschern überdies ein Seil. Achten Sie stets darauf, genügend Trinkvorräte dabei zu haben, besonders in wasserarmen Gebieten der Kalkalpen. Aber behalten Sie das Gesamtgewicht im Auge und nehmen Sie keinen überflüssigen Ballast mit. In jedem Fall wird das tägliche Wandern umso unbeschwerter, je leichter auch der Rucksack ist. Wenn gemäß der hier gemachten Tourenvorschläge praktisch durchwegs auf bewirtschafteten Berghütten übernachtet wird, muss dieser nicht überdimensioniert ausfallen.

Beim Aufstieg zum Triglav, dem höchsten Berg der Julischen Alpen.

Taktik unterwegs

Die im Begleitführer angegebenen Zeitangaben dienen als informative Richtwerte. Lassen Sie sich aber nicht zu sehr davon beeinflussen, sondern finden Sie Ihren persönlichen Rhythmus. Ein gleichmäßiges, nicht zu flottes Gehtempo, bei dem man sich wohl fühlt und nicht zu schnell ermüdet, ist das Entscheidende. Wenn man mit seinen Kräften haushält, stellt sich im Laufe der Zeit sogar ein Trainingseffekt ein: Man wird ausdauernder und auch sicherer im Umgang mit alpinem Gelände. Wer es richtig anstellt, fühlt sich am Ende eines Trekkings nicht etwa ausgelaugt, sondern vielmehr bärenstark und möchte vermutlich am liebsten gleich die nächste Tour in Angriff nehmen.

Versuchen Sie nicht, mit dem »Kopf durch die Wand« zu gehen. Der etwaige, selbst auferlegte Zwang, unbedingt das nächste Etappenziel erreichen zu müssen, darf keinesfalls zu leichtsinnigem Handeln führen. An Gefahrenstellen wie Schneefeldern, abschüssigen Felshängen oder Bachquerungen lasse man besonders große Vorsicht und Konzentration walten. Kehren Sie im Zweifelsfall lieber um. Ein früher Aufbruch garantiert nicht nur Zeitreserven, sondern bietet an vielen Sommertagen auch vorteilhafte Wetterbedingungen. In morgendlich frischer Luft gestaltet sich das Wandern am angenehmsten, und ehe es am Nachmittag womöglich zu Gewittern kommt, hat man sein Etappenziel längst erreicht.

Auf das Wetter kommt es an

Dem Wetter sollte bei Bergtouren generell ein besonderes Augenmerk gelten. Während man sich für Tagestouren auf Kurzzeitprognosen einigermaßen verlassen kann, wird es über längere Zeiträume schon komplizierter. Eine dauerhafte Schönwetterlage, die sich natürlich jeder wünscht, stellt sich in unseren Breiten eher selten ein. Was soll man tun? Normalerweise rede ich jetzt von »Flexibilität«, wohlwissend, dass diese für viele schwer realisierbar ist. Der Urlaub ist – zeitlich wie räumlich – oft lange im Voraus festgelegt. Aber muss es denn unbedingt Gebiet xy sein? Warum sollte ich in die Dolomiten fahren, wenn sich gerade ein Genuatief ankündigt? Was nützt mir die Nordstaulage im Wetterstein? Solche Fragen sollten ein durchaus hohes Gewicht haben. Sich geschickt ein Ausweichgebiet auszusuchen, dürfte mit diesem Buch in der Hand nicht allzu schwer fallen. Für Menschen, die regelmäßig in die Berge ziehen, zahlt es sich im Übrigen aus, sich ein profundes meteorologisches Basiswissen anzueignen. Was in der Atmosphäre passiert und sich in Form eines wie auch immer gearteten Wetters auf uns niederschlägt, mag zuweilen chaotisch und undurchschaubar anmuten – es gibt aber durchaus Gesetzmäßigkeiten, die zu kennen sich lohnt. Kluge Bergsteiger werden nicht alles dem Zufall überlassen.

Ist man nämlich erst einmal unterwegs, muss man – ob man will oder nicht – auf das Wetter reagieren. Und dieses ist im Hochgebirge naturgemäß nicht selten von anderer Qualität als im Flachland. Damit kommt der Sicherheitsaspekt ins Spiel, denn die sich plötzlich ändernden Wetterverhältnisse stellen einige der größten Gefahrenpotenziale überhaupt dar: Regennasse, schlüpfrige Felsen, eisiger Wind, ein Wettersturz mit Schneefall, Blitzeinschläge ... – die Reihe der Unannehmlichkeiten ließe sich fortsetzen. Doch wollen wir hier gar nicht alles nur von der dramatischen Seite betrachten. Spätestens nach dem dritten Schlechtwettertag, den man auf einer Hütte festsitzt, hat vermutlich jeder den Spaß an der Sache verloren. Also: Seien Sie so flexibel wie möglich, auch unterwegs, beobachten Sie aufmerksam die Wetterentwicklung und halten Sie sich stets genügend Entscheidungsspielräume offen.

Wandern nach Lust und Laune

Bei gründlicher Vorbereitung, Beherzigung einiger Goldener Regeln und einer Portion Wetterglück wird ein mehrtägiges Trekking zum Hochgenuss. Verstehen Sie die Beschreibungen in diesem Buch nicht als »Gebrauchsanweisung«. Ohnehin habe ich mich bemüht, die Touren mehr unter dem Gesichtspunkt einer Gebietscharakteristik aufzuzeigen, hauptsächlich um zu animieren – und nicht um ein starres »Programm« vorzugeben. Folgen Sie Ihrer Laune, entwickeln Sie eigene Ideen der Umsetzung und gestalten Sie die Tage am Berg nach persönlichem Gusto. Vielleicht haben Sie auch nicht so viel Zeit oder Durchhaltevermögen für vollständige Durchquerungen, die ja meist eine ganze Woche oder mehr in Anspruch nehmen. Das macht nichts: In kleinere Häppchen zerlegt, können auch Teilbegehungen, sogar einzelne ausgewählte Etappen, tolle Erlebnisse vermitteln. Den individuellen Gestaltungsmöglichkeiten sind schließlich kaum Grenzen gesetzt.

Über dem Ostgrat der Punta Basei (Paradisogruppe) türmen sich mächtige Quellwolken. Solche Entwicklungen sollte man stets aufmerksam im Auge behalten.

»GRENZGÄNGE« ZWISCHEN VORARLBERG UND GRAUBÜNDEN

Rundtour durch den Rätikon

Es gibt nur wenige Gebirgsgruppen, die sich für längere Höhenwanderungen dermaßen durchlässig zeigen wie der Rätikon. Das ausgesprochen dichte Hütten- und Wegenetz steckt voller Variationsmöglichkeiten, sodass vor allem der gemäßigte Bergwanderer im Rätikon ein wahres Paradies findet. Ein weiteres Plus: Aufgrund der geologischen Voraussetzungen im Mischbereich zwischen Kalk- und Kristallingesteinen zeigt sich das Landschaftsbild besonders vielgestaltig. Liebliche Wiesenberge hier, schroffe Felsmassive dort – überhaupt ein Gebiet mit vielen Facetten. Auf der großen Rätikon-Runde lassen sich die reizvollsten Winkel in idealer Weise verbinden.

Seite:14/15 Beim Aufstieg zum »Rachen« an der Sulzfluh.

Wer noch nie eine mehrtägige Bergwanderung, geschweige denn eine längere Durchquerung unternommen hat, wird womöglich ein wenig unsicher nach geeigneten Zielen Ausschau halten. Schließlich verlangt solch ein Vorhaben etwas mehr Planung und Bergverständnis als eine lockere Tagestour. Dafür wird aber auch mehr geboten. Die hier vorgestellte Runde durch den Rätikon wäre eine der ersten, die ich Einsteigern empfehlen würde. Denn hier vereinigen sich die Vorzüge einer tollen, wirklich sehenswürdigen Landschaft sowie eines Wegverlaufs ohne nennenswerte Komplikationen. Die nächste Hütte ist selten weiter als eine halbe Tagesetappe entfernt, die zu bewältigenden Höhenunterschiede sind für alpine Verhältnisse eher bescheiden und das Gelände bietet genügend Raum für Wanderungen mit optimalem Schaugenuss. Auch wer lieber Zünftiges mag, kommt nicht zu kurz – an den hohen Massiven von Schesaplana, Sulz- und Drusenfluh gibt es genug Herausforderungen, denen der weniger Erfahrene wiederum problemlos ausweichen kann. So wundert es kaum, dass der Rätikon zu den beliebtesten Wanderrevieren der Ostalpen zählt.

An seiner Hauptkette, der Grenze zwischen dem österreichischen Bundesland Vorarlberg und dem schweizerischen Kanton Graubünden, existiert fast ein Dutzend markierter Übergänge; das dürfte in dieser Dichte wohl einmalig sein. So wird unterwegs kaum der Eindruck einer trennenden Barriere erweckt. Vielmehr verbindet der Rätikon. Im Übrigen sei nicht vergessen, dass auch das Fürstentum Liechtenstein Anteil hat; am Gipfel des Naafkopfes befindet sich der gemeinsame Grenzstein aller drei Länder.

Rechts: Vom Gipfel des Saulakopfes erhascht man weite Ausblicke über die Bergwelt Vorarlbergs.

Rechte Seite, links: Am Lünersee.

Rechte Seite, rechts: Die Zimba, hier vom Saulajochsteig aus gesehen, zählt zu den markantesten Gipfeln im Rätikon. Aufgrund ihrer Form werden gern Vergleiche mit dem Matterhorn angestellt.

An der Zimba vorbei zum Lünersee

Als Haupteintrittstor in den Rätikon fungiert das Brandnertal in Vorarlberg. Auch für uns liegen hier günstigerweise Ausgangs- und Endpunkt. Anstatt aber wie die meisten mit der Seilbahn zum Lünersee hinaufzuschweben, starten wir in einem etwas abseits gelegenen Winkel zu Fuß. Beim Aufstieg zur Sarotlahütte präsentiert sich uns ein stiller Bergkessel, abgeschlossen von den Felsflanken so wenig bekannter Gipfel wie Gottvaterspitze, Valkastiel oder der Sarotlahörner. Einzig die Zimba gehört zum Namhaften: Immer wieder als »Vorarlberger Matterhorn« tituliert, sticht das kühne Felshorn von weither unverkennbar ins Auge. Direkt unter seinen Abstürzen entlang wechseln wir über das Zimbajoch zur Heinrich-Hueter-Hütte.

Ist die Zimba nur klettergewandten Bergsteigern zugänglich, so lässt sich der gegenüberliegende Saulakopf auch von trittsicheren Wanderern erklimmen. Das sieht man ihm zunächst nicht unbedingt an, doch von der Südseite, aus der Senke des Saulajochs, gibt es einen markierten, an ausgesetzten Stellen mit Drahtseil gesicherten Schrofensteig bis zum Gipfel. Oben genießt man eine informative Aussicht über weite Teile des Rätikon, wobei die größte Anziehungskraft womöglich der in intensivem Türkis schimmernde Lünersee ausübt. Wie schön, dass dort ohnehin unser nächstes Ziel liegt. Anstatt über den Saulajochsteig kann man den Übergang übrigens auch über die Lünerkrinne wählen. Eine eigenwillige Miniatur-Landschaft aus Höckern und Trichtern sowie ein Abstecher zum Schafgafall, der jenem zum Saulakopf ebenbürtig ist, lassen diese Variante durchaus interessant erscheinen.

Zwar ist der Lünersee nicht mehr naturbelassen wie einst, doch übt er – wie so viele Bergseen – zweifellos einen unwiderstehlichen Reiz aus. Außerdem bildet er das Zentrum des Wandertourismus im Rätikon. Neben der geografischen Position im Herzen der Gruppe trägt natürlich auch die Seilbahn, die direkt zur Douglasshütte hinaufführt, entscheidend dazu bei. Rund um den See leitet ein herrlicher Spazierweg, von dort verzweigen sich die alpinen Wanderrouten in alle Himmelsrichtungen, sodass man jetzt vor der Qual der Wahl steht. Wir könnten uns gleich zum Schesaplana-Massiv orientieren, übers Cavelljoch in Kürze auf die Schweizer Südseite gelangen oder – wie es hier weiter verfolgt werden soll – den Weg in östliche Richtung einschlagen.

Im Banne von Drusenfluh und Sulzfluh

Sanft auf- und absteigend führt uns diese Route via Verajöchle und Öfenpass zur Lindauer Hütte im hinteren Gauertal. Das Schweizertor, markantester aller Einschnitte im Rätikon-Hauptkamm, wird dabei nur tangiert, der »Durchblick« nach Süden imponiert jedoch ungemein. Besonders charakteristisch, nicht nur für diesen Abschnitt, ist der

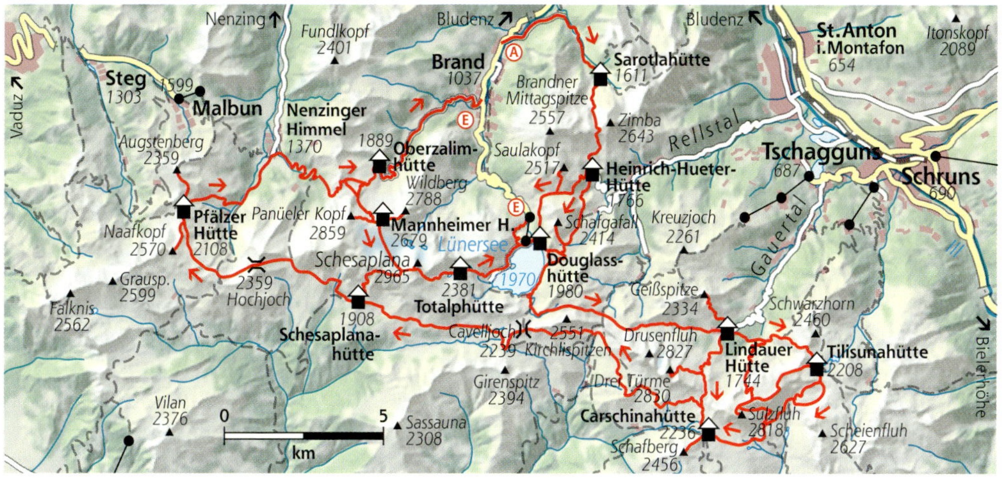

Mit Erreichen des Verajöchles baut sich unmittelbar über dem Schweizertor die mächtige Drusenfluh auf.

starke Gegensatz zwischen den grünen Wiesenmatten, durch die unser Weg dahinzieht, und den grauen Felsflanken der Kirchlispitzen, Drusenfluh und Sulzfluh, die in unmittelbarer Nähe jäh emporstreben. Die kontrastreiche Landschaft des Rätikon ist eine Folge der vielschichtigen Geologie, die hier auf engem Raum verschiedenste Gesteinsarten nebeneinander anordnet. Daraus resultiert nicht nur das vollkommen unterschiedliche Antlitz der Berge, sondern auch die artenreiche Flora, für die der Rätikon bekannt ist. Was man im Alpengarten bei der Lindauer Hütte konzentriert und lehrreich dargeboten bekommt (über 600 Arten sind hier vertreten), wird in freier Flur umso interessanter. Namentlich im Frühsommer blüht und gedeiht es auf den alpinen Matten in einer unglaublichen Fülle – ein Paradies für Freunde der Botanik!

Von der Lindauer Hütte lässt sich in knapp zwei Stunden mit der Geißspitze einer der typischen Gras- und Blumenberge erreichen – und eine der prachtvollsten Aussichtslogen obendrein. Die mächtigen Kalkbastionen von Sulzfluh und Drusenfluh stehen direkt gegenüber Parade; besonders faszinierend und unnahbar geben sich die Drei Türme im Massiv der Letzteren. Die »Drusentürme« sind zum Postkartenmotiv des Rätikon schlechthin geworden, meistens abgelichtet als Hintergrundkulisse des Gauertals oder vom Tobelsee aus. Massig erscheinen der Mittlere und Große Turm über der wie abgeschert wirkenden Sporerplatte, links daneben deutlich abgetrennt der filigranere Kleine Turm, auf den man im Gegensatz zu den beiden anderen tatsächlich nur mittels Kletterei gelangt. Die Drusentürme versprechen mit ihrem rauen Aufstieg durch den engen Sporertobel sowie den atemberaubenden Fern- und Tiefblicken eine packende Tour im Rätikonkalk.

Die Drei Türme gelten als alpines Wahrzeichen des Rätikon. Von links Kleiner, Mittlerer und Großer Turm.

Wechsel auf die Schweizer Seite

Im östlichen Teil des Rätikon werden die Variationsmöglichkeiten sehr zahlreich. Dabei ragt im Mittelpunkt zwischen Lindauer-, Tilisuna- und Carschinahütte das Massiv der Sulzfluh auf. Abwechslungsreiche Wege führen nicht nur rundherum, sondern auch von allen drei Stützpunkten hinauf. Auf der Nordseite zeigt sich die Sulzfluh ziemlich stark gegliedert. Das erlebt man vor allem bei dem etwas verwinkelten, mit einigen Steilstufen gespickten Aufstieg durch den so genannten Rachen. Was sich grimmig anhört, entpuppt sich bei genauerem Hinsehen als findiger Durchschlupf auf den oberen Teil des Berges. Dort stößt man auf die meistbegangene Route, die von der Tilisunahütte über die ausgedehnten, schwach geneigten Karrenfelder ohne Schwierigkeiten zum Gipfelaufbau emporzieht. Mit dem Abstieg durch den Gemstobel, der ebenfalls leichter zu begehen ist als es zunächst den Anschein hat, gelangt man zurück in die »grüne Zone« des Rätikon und gleichzeitig auf dessen Schweizer Seite.

Eine Überschreitung der Sulzfluh ist sicherlich die bergsteigerisch attraktivste Variante, doch hat auch die Umgehung via Tilisunahütte jede Menge zu bieten. Zum Beispiel den aussichtsreichen und abermals botanisch ergiebigen Bilkengrat im Aufstieg zur Schwarzen Scharte. Mit den abrupten Wechseln zwischen Kalk und Urgestein im Tilisuna-Gebiet kann man erneut die verschiedenartigen Landschaftstypen studieren und sich nur immer wieder über den Einfallsreichtum der Natur wundern. In besonderem Maße gilt dies für Karstzonen, wie wir sie im Bereich der

Eine typische Rätikon-Landschaft präsentiert sich beim Übergang zwischen Tilisuna- und Carschinahütte. Blick auf die Weißplatte oberhalb der Gruoben.

Murmeltiere sind im Rätikon häufig anzutreffen.

Die Türkenbundlilie ist Teil einer artenreichen Rätikon-Flora.

Tilisunafurka durchschreiten. Unterhalb des Gemstobels vereinigen sich dann Gipfel- und Passroute und führen gemeinsam zur Carschinahütte, die uns im Angesicht der imposanten Sulzfluh-Südabstürze freundlich empfängt. Sie wäre von der Lindauer Hütte am schnellsten auch über das Drusator zu erreichen, dies nur der Vollständigkeit halber.

Hinüber zur Schesaplanahütte steht uns nun der längste Abschnitt bevor, ein ordentliches Wegstück, welches sich dank der geringfügigen Höhendifferenzen jedoch keineswegs mühsam gestaltet. Dabei lässt sich stundenlang die Parade der stolzen Rätikonflühe abnehmen, wenn wir auf dem südseitigen Höhenweg zu Füßen der prallen, sonnendurchfluteten Wände entlangwandern. Während uns also bergseitig mauergleiche Kalkfluchten beeindrucken (sie zeigen sich hier übrigens sehr viel kompakter als auf der Vorarlberger Nordseite), schweifen die Blicke südwärts frei und ungehindert über sanft geschwungene Bündner Schieferberge in die weite, mattenreiche Landschaft des Prättigau hinaus. Abermals begleitet uns die geologische Vielgestaltigkeit auf Schritt und Tritt, sodass sich sowohl die liebliche als auch die dramatische Seite des Rätikon offenbart. Der Name »Prättigauer Höhenweg« ist in der Tat Programm – ein Wandervergnügen, wie man es sich genussvoller kaum vorstellen kann.

Die Schesaplanahütte am Prättigauer Höhenweg. Dahinter die Flanke des Alpstein, durch die ein möglicher Anstieg zur Schesaplana führt.

Rund um die Schesaplana

Drei Hütten im unmittelbaren Nahbereich, dazu zwei weitere auf Mitteldistanz – die Schesaplana ist nicht nur das »Dach« des Rätikon, sondern auch das begehrteste Gipfelziel weit und breit. Von der Schesaplanahütte führt der so genannte Schweizerweg hinauf, eine spannende Route durch die hohe Flanke des Alpstein, die mit eigentümlichen Geländestrukturen und Verwitterungsformationen aufwartet. Genau jene Schwachstellen macht sich der schmale Pfad zunutze. So kommt man erstaunlicherweise ohne wesentliche Kletterei durch und hat am Ende nur noch einen steilen, aber in der Regel harmlosen Schutthang zu bewältigen. Wer die umfassendste Aussicht im Rätikon indessen noch ein bisschen aufschieben und zum krönenden Abschluss herausheben möchte, lässt den Gipfelstock zunächst abseits liegen und folgt ab Schesaplanahütte gleich dem Höhenweg übers Hochjoch zur Pfälzer Hütte. Dort sind wir auf Liechtensteiner Boden angelangt. Mit einem Abstecher auf den Naafkopf stehen wir exakt am topografisch wichtigen Dreiländerberg, während der zweite Hausgipfel der Pfälzer Hütte, der gegenüberliegende Augstenberg, vor allem wegen seiner tollen Aussicht über das Malbuner Hochtal Erwähnung finden sollte.

In der Folge steigen wir weit ins hintere Gamperdonatal ab, wo die Alpsiedlung namens Nenzinger Himmel für städtische Ferienhausbesitzer der Himmel auf Erden bedeutet. Na klar, von der lauten, hektischen Welt bekommt man hier ja wirklich nichts mit. Für uns bleibt es aber nicht ganz bei der wiesengrünen Beschaulichkeit, denn am Schluss soll es nochmals ein wenig rassiger zugehen. Einen Vorgeschmack dazu gibt's am ausgesetzten Spusagang. Wem dies genügt, der kann die Runde mit dem direkten Abstieg durchs Zalimtal nach Brand schließen.

Ansonsten führt der gesicherte Strauß- beziehungsweise Leiberweg zur Mannheimer Hütte nochmals richtig in die Felsen. Die Mannheimer ist die mit Abstand höchstgelegene Hütte im Rätikon, eigentlich schon fast auf Niveau der oberen Gipfeletage. Wildberg und Panüeler Kopf sind zwei lohnende Ziele im Nahbereich, die man locker auch nach dem Abendessen oder vor dem Frühstück aufsuchen kann. Aber die stärkste Verlockung geht natürlich von der Schesaplana aus, schließlich will jeder gern einmal am allerhöchsten Punkt eines Gebirges stehen. Bevor es soweit ist, stellt sich noch der »schwindsüchtige« Brandner Gletscher in den Weg, der trotz seiner mäßigen Neigung bei Blankeis einen Eiertanz hervorrufen kann. Spätestens am Schesaplanasattel ist das Problem gegessen und der anschließende Gipfelaufstieg über die dunkle Schieferschuttflanke allenfalls noch eine Frage der Kondition. Bis zu Ortler und Bernina reicht die Sicht, bei besonders klarem Wetter sogar bis zu den Walliser Viertausendern und im Osten weit hinein nach Tirol. Richtung Norden blickt man über die Bodenseeregion hinaus ins Oberschwäbische, Heimatland vieler Menschen, die hier unterwegs sind. Auf der leichtesten Schesaplana-Route, jener über die Totalp hinab zum Lünersee, vollzieht sich dann das Finish unserer Tour durch den Rätikon. Wer nach diesen Tagen vom Höhenwandern nicht in Bann geschlagen ist …

Am Augstenberg öffnet sich der Blick über das Hochtal von Malbun, das schon auf Liechtensteiner Boden liegt.

ZWISCHEN WILDSPITZE, WEISSKUGEL UND SIMILAUN

Im Herzen der Ötztaler Alpen

Kaum ein Gebirge ist für eine Kombination von alpinen Hüttenverbindungen und mäßig schwierigen Hochtouren besser geschaffen als die Ötztaler Alpen. Zwischen Haupt- und Weißkamm liegt ein klassisches Revier gletschererfahrener Bergfreunde mit so prestigeträchtigen Gipfeln wie Wildspitze, Weißkugel, Hochwilde oder Similaun. Mag in diesen Gefilden vor allem das Eis regieren, so kommt doch auch der reine Bergwanderer auf seine Kosten. Etliche Hütten sind durch tolle Höhenwege verbunden und versprechen ein genussvolles Trekking vor packender Kulisse. Doch das Nonplusultra bleibt zweifellos die große Ötztaler Haute Route über weite Gletscher und hohe Gipfel.

Seite 22/23: Auf dem Weg über den Marzellkamm zum Similaun nähern wir uns einem der großen Ötztaler Paradegipfel.

Als Franz Senn im Jahre 1860 als Kurat nach Vent kam, fand er sich in einem der abgeschiedensten Winkel Tirols wieder: Ein bitterarmes Dorf mit 50 Seelen, umringt von Gipfeln, Graten und Gletschern – nur ein paar Schafweiden vermittelten anheimelnden Kontrast und ließen hoffen, dass die Gegend vielleicht doch nicht so gottverlassen war. Wer konnte damals schon ahnen, dass dieses kleine Dorf inmitten der Herzkammer der Ötztaler Alpen einmal zu einem renommierten Bergsteigerzentrum avancieren würde. Der Name Franz Senn taucht in diesem Zusammenhang nicht ohne Grund auf, denn dieser war ja nicht nur Pfarrer, sondern auch ein leidenschaftlicher Bergpionier, Förderer (oder vielmehr Initiator) des alpinen Tourismus und »Mann der ersten Stunde« im Deutschen Alpenverein. Kein Wunder, dass die Erinnerung an den idealistischen Visionär bis in unsere Tage lebendig geblieben ist.

In den zentralen Ötztaler Alpen konzentriert sich eine Vielzahl stattlicher Dreitausender und damit die bedeutendste Massenerhebung der gesamten Ostalpen. Spätestens mit dem Bau zahlreicher Stützpunkte ab dem Ende des 19. Jahrhunderts kam das Gebiet in Bergsteigerkreisen in Mode. Es entstand ein alpines Routennetz, das zu den großzügigsten überhaupt zählt. Ganz generell müssen zwei Arten deutlich voneinander unterschieden werden: Neben »normalen« Hüttenverbindungen, also gut markierten Wegtrassen, gibt es hier eine Reihe von Übergängen, die in großer Höhe und stark vergletschertem Gelände verlaufen.

Grundverschieden sind mithin die Anforderungen. Auf einigen Etappen bewegt man sich fast ausschließlich im Eis. Wer damit nichts am Hut hat, braucht die Ötztaler Alpen aber keineswegs zu meiden. In einer enger gefassten Runde lässt sich die großartige Landschaft auch auf weniger tückischen Pfaden durchstreifen.

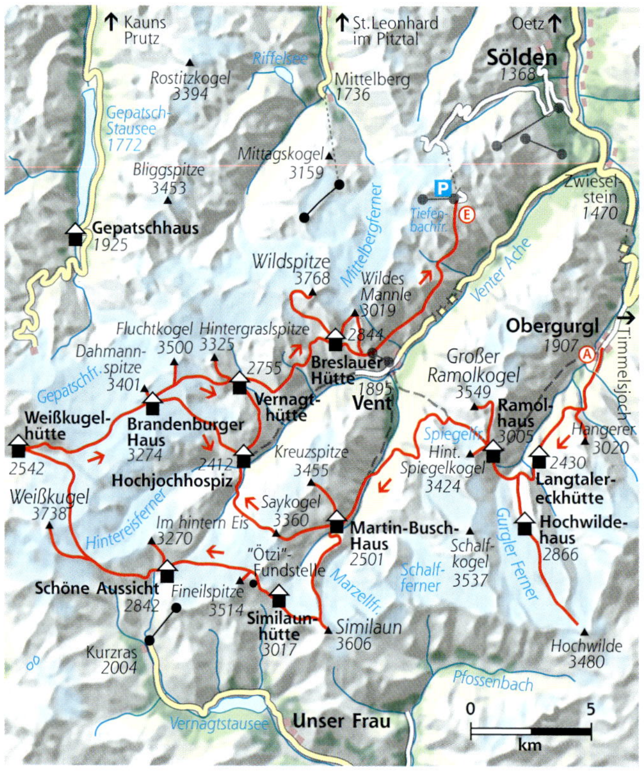

Von Obergurgl über den Ramolkamm

Immerhin viereinhalb Stunden dauert der Aufstieg von Obergurgl zum Hochwildehaus, wo wir die erste Nacht verbringen wollen. Mit Schönwies- und Langtalereckhütte locken unterwegs zwei Raststationen zur Einkehr, sodass wir uns der hochalpinen Szenerie gemächlichen Schrittes nähern können. Vielleicht hat jemand sogar Lust, den Hangerer, einen beliebten Aussichts- und Akklimatisierungsberg, mitzunehmen. Das Grün der Matten tritt mehr und mehr zurück und wird bald von typischem Blockschutt- und Moränengelände abgelöst, ehe man im oberen Teil in unmittelbare Nähe des riesigen Gurgler Ferners gelangt. Diese Abfolge – erst grün, dann vornehmlich braun und schließlich weiß – ist beispielhaft und wird uns in den Ötztalern immer wieder begegnen. Das Hochwildehaus am so genannten Steinernen Tisch befindet sich schon inmitten der beeindruckenden Eisregion, deren enorme Ausstrahlung jeden sofort in Bann schlägt. Während gegenüber besonders der massige Schalfkogel ins Auge fällt, lugt ganz hinten, am oberen Ende des Gurgler Ferners, die riffartige Hochwilde hervor. Für Gletscherneulinge ist sie ein guter Einstieg in die Materie Eis, so harmlos flach zieht sich der Aufstieg über den Gurgler Ferner. Erst ganz am Schluss wird es doch noch richtig steil, wobei die Kletterei am felsigen Gipfelaufbau durch Drahtseile entschärft ist.

Am prachtvollsten präsentiert sich die gesamte Umrahmung des Gurgler Ferners zweifellos am Ramolhaus, das wir als nächstes ansteuern. Was sind das für Stimmungen, wenn bei Sonnenaufgang zartes Streiflicht die erhabene Bergwelt vergoldet, wenn zur Mittagszeit die weiten Eisfelder in der Sonne gleißen oder wenn sich spätnachmittags bedrohliche Wolken zu einem Gewitter zusammenbrauen, die Blitze im Sekundentakt in die Grate einschlagen und unter grollendem Donner ein wahres Weltuntergangsszenario entwerfen! Vor Jahren bin ich dort oben einmal

Zeuge eines solchen Schauspiels geworden. Da spürt man plötzlich die ganze Urgewalt der Elemente.

Hauptsache, am nächsten Morgen scheint wieder die Sonne vom blauen Himmel. Eifrige Gipfelstürmer werden sich dann womöglich an den Ramolkögeln versuchen oder zumindest einen Abstecher zum Hinteren Spiegelkogel unternehmen, bevor es in Richtung Martin-Busch-Hütte weitergeht. Dabei verlangen die Gipfel schon einen gestandenen Bergsteiger, der auch weit oberhalb der Dreitausendermarke noch sicher an ausgesetzten Graten herumturnt. Aber auch der Übergang zur Martin-Busch-Hütte geht sich so locker nicht aus. Schon am Ramoljoch muss ein wenig an bröckeligem Fels gekraxelt werden, wobei einige Leitern entscheidende Hilfestellung leisten. Zum größeren Problem kann später die Querung des verästelten Diembachs werden, zumindest falls bei reichlichem Wasseraufkommen keine gescheiten Brücken vorhanden sind. Die meist nur spärlich ausgetretene Wegtrasse ist ein untrügliches Kennzeichen dafür, dass diese Route nicht allzu häufig unter die Sohlen genommen wird. Aber gerade darin besteht ihr besonderer Reiz. Ist erstmal die Ache im Niedertal überschritten, sind die Schwierigkeiten vorbei. Zuletzt reihen wir uns in den stark frequentierten Weg ein, der von Vent zur Martin-Busch-Hütte hinaufzieht.

Varianten mit und ohne Eis

Hüttenbummler, forschere Bergwanderer und nicht zuletzt die ambitionierten Hochtourengeher finden dort eine Heimstatt. Denn das Tourenrevier der Martin-Busch-Hütte ist außergewöhnlich umfangreich, gespickt mit Zielen für jeden Geschmack. Zu den höchsten Wege-Bergen überhaupt zählt die Kreuzspitze. Sie anzupreisen hieße eigentlich, Eulen nach Athen zu tragen. Vielen ist sie ein Wunschgipfel, für den man gern einen zusätzlichen Tag übrig hat. Nach der spitzenmäßigen Gipfelaussicht kann man es sich auf dem Rückweg am Samoarsee gemütlich machen, der nur wenige Minuten abseits – zwischen Blockwerk und spärlichen Matten – verborgen liegt. Mit der Gruppe um den Similaun im Blick gerät man dort leicht ins Träumen …

Ja, der Similaun – das wäre jetzt das nächste Traumziel! Freilich begeben wir uns damit in vergletschertes Terrain, und bevor ich näher darauf eingehe, möchte ich lieber die obligatorische Fortsetzung für reine Bergwanderer be-

Nochmals der Similaun mit dem Niederjochferner, hier beim Anstieg zur Ötzi-Fundstelle am Tisenjoch.

Ötztaler Stützpunkte: links die Martin-Busch-Hütte im Niedertal, rechts das Ramolhaus vor dem Gurgler Ferner.

Rechte Seite: Das »Bergsteigerdorf« Vent wird von der Talleitspitze überragt.

Unterwegs am Hochjochferner zu Füßen der Fineilspitze, die ein erstrangiges Gipfelziel abgibt.

schreiben. Diese haben mit der Überschreitung des Saykogels quasi ihre »Königsetappe« vor sich. Alpine Standfestigkeit braucht man in jedem Fall; über die Blockflanken und Felsrippen des immerhin 3360 Meter hohen Saykogels kann man dem für manchen trügerischen Eis jedoch geschickt ausweichen. Mit diesem Übergang wird gleich das Hochjochhospiz angesteuert und die Rundtour nicht nur wesentlich vereinfacht, sondern auch um mindestens zwei bis drei Tage verkürzt.

Wer mehr sehen möchte und sich ins »große Eis« trauen darf, wird freilich den großen Bogen wählen und neben der Similaunhütte, der Schönen Aussicht, der Weißkugelhütte und dem Brandenburger Haus noch eine Reihe der attraktivsten Gipfel einbeziehen. Einer davon ist der bereits erwähnte Similaun. Bei diesem Berg passt einfach alles, um in der Gunst der Alpinisten ganz weit vorn zu stehen: die stolze Höhe, eine ästhetische Form, die wohl hochalpinen, aber nicht übermäßig schwierigen Anstiege und natürlich die überwältigende Aussicht. Dabei sollte man von der Martin-Busch-Hütte kommend unbedingt die stimmungsvolle Annäherung über den Marzellkamm wählen. Nahtlos geht der Felsrücken in den Niederjochferner über, auf dem wir dem begehrten »Gletscherdom« schließlich zu Leibe rücken. Spätestens am manchmal heiklen Gipfelgrat erkennen wir, wie hoch der Similaun im Kurs steht. Seilschaft an Seilschaft kommt auf der Normalroute von der Similaunhütte heraufgestapft – für uns ist sie der günstigste Abstiegsweg.

Reizvolle Ausblicke über den Hintereisferner gewährt der Gipfel mit dem ungewöhnlichen Namen »Im hintern Eis«.

Längs des Ötztaler Alpenhauptkammes

Die Similaunhütte liegt am Niederjoch schon ein paar Meter auf Südtiroler Boden. Der Alpenhauptkamm erscheint als gewaltige Barriere, besitzt aber überraschenderweise mindestens ebenso viel Verbindendes. Schon zu Ötzis Zeiten, vor mehr als 5000 Jahren, drangen Menschen in diese Gefilde vor. Via Hoch- und Niederjoch wurde einst das innere Ötztal von Süden her besiedelt, und noch heute können wir zweimal im Jahr ein archaisch anmutendes Ereignis beobachten, wenn aus dem Südtiroler Vinschgau Tausende von Schafen auf die Sommerweiden im Nieder- und Rofental und wieder retour getrieben werden. Für uns bleibt der Hauptkamm nun vorerst die Leitlinie, wobei die seit 1919 bestehende Staatsgrenze keinerlei praktische Bedeutung hat. Bergsteiger leben frei von derartigen Zäsuren – die Grenzen bestimmt allein die Natur.

Mit dem Übergang zum Gasthaus Schöne Aussicht setzt sich der Reigen fort. Dabei passieren wir die Ötzi-Fundstelle am Tisenjoch, die schon fast zu einem archäologischen Wallfahrtsort geworden ist (angesichts der Höhe und einiger geländebedingter Erschwernisse nur nicht für jedermann erreichbar). Der Platz mag vor dem geschichtlichen Hintergrund eine gewisse Mystik ausstrahlen, doch abgesehen von dem Denkmal ist an ihm augenscheinlich nichts Besonderes, sodass wir nach kurzem Innehalten weiter zum Hauslabjoch aufsteigen. Denn viel mehr nimmt uns jetzt die Fineilspitze gefangen, wieder so ein großer Berg im Hauptkamm, an dem wir unsere solide Alpintauglichkeit unter Beweis stellen können. Das gilt im Übrigen auch für den Weiterweg über den Hochjochferner, wo man sich von einigen Spaltenzonen und einer lästigen,

Malerischer Bergsee im Mitterkar unterhalb der Wildspitze. Im Hintergrund der Kreuzkamm.

weil brüchigen Felsinsel nicht ins Bockshorn jagen lassen darf. Ein lockerer Nachmittagsspaziergang zur Grathöhe mit dem Namen »Im hintern Eis« rundet den abwechslungsreichen Bergtag ab, wobei uns noch sehr aufschlussreiche Ausblicke hinsichtlich der morgigen Route zur Weißkugel erwarten.

Auf dieser wandern wir zunächst durch südseitige Flanken und erreichen den Grat unweit des Teufelsegg. Nun steht die Weißkugel in blendendem Weiß vor uns – welch ein Glanz, welch ein Charisma! Natürlich wollen wir der heimlichen Herrscherin der Ötztaler Alpen unsere Reverenz erweisen. Über das Hintereisjoch und den Südgrat verläuft der gewöhnliche Anstieg, doch wird bei schwierigen Eisverhältnissen am Hintereisjoch in letzter Zeit mitunter auch die Ostrippe bevorzugt, die aus dem Weißkugeljoch direkt zum Gipfel aufschließt. In jedem Fall wird es ein magischer Augenblick sein, wenn wir über die letzten Gratfelsen zum Gipfelkreuz emporkraxeln. Am Schnittpunkt von Haupt- und Weißkamm gelegen, ist die Weißkugel einer der begehrtesten Gipfel der Ostalpen. Freilich ist der Tag damit noch nicht zu Ende, denn über das erwähnte Weißkugeljoch müssen wir noch den gleichnamigen Ferner in seiner gesamten Länge überqueren, was bei nachmittäglich aufgeweichten Spaltenbrücken nicht immer das reinste Vergnügen ist. Im Rückblick auf diese rassige Hochtour lässt sich die eindrucksvolle Arena im Langtauferer Talschluss ausgiebig genießen, wozu auch die Gemütlichkeit der Weißkugelhütte nicht unwesentlich beiträgt.

Ein Hauch von Arktis am Brandenburger Haus

Tags darauf folgt die nächste Gletscherwanderung, insgesamt gutmütiger zwar, weil weniger spaltenreich, aber nur sofern die Sichtbedingungen stimmen. Der Tag beginnt am Richterweg noch relativ harmlos, doch bald sperrt ein mächtiger Riegel, der im Bergauf zum hohen Eisschild des Gepatschferners überwunden werden muss. Fast fünf Kilometer bewegen wir uns anschließend über das flache Firnplateau Richtung Brandenburger Haus und fühlen uns dabei wie in die Eiszeit versetzt. Einen »Whiteout« sollte man hier besser nicht erleben, sonst hilft nur noch der versierte Umgang mit Karte und Kompass. Am Felssporn der Dahmannspitze, die gleich einem Nunatak aus dem Eis ragt, klebt das Brandenburger Haus, mit 3272 Metern höchstgelegener Stützpunkt der gesamten Ötztaler Alpen. Es ist ausschließlich über Gletscher zu erreichen. So glanzvoll sich diese arktisch anmutende Hochgebirgswelt bei Sonnenschein präsentiert, so unerquicklich wird sie, wenn Sturm, Nebel und Schneefall sie in Besitz nehmen. Deshalb sei an dieser Stelle nochmals der wichtige Hinweis gegeben, dass man sich für die große Gletschertraverse von der Schönen Aussicht über die Weißkugelhütte zum Brandenburger Haus nur entscheiden sollte, wenn für mindestens zwei bis drei Tage mit stabilem Schönwetter gerechnet werden kann.

Die Vernagthütte erreichen wir in weiterer Folge entweder über den Deloretteweg und das Hochjochhospiz, wo ja auch die Saykogel-Überschreiter eintreffen, oder – abermals alpiner, aber in diesem Fall kürzer – über eines der beiden Guslarjoche. Dabei sollte keinesfalls der fast am Weg liegende Fluchtkogel übersehen werden, der im Zentrum des Ötztaler Weißkammes einen besonders interessanten Panoramapunkt bietet. Wer nach so viel Eis zur Abwechslung mal wieder im Fels tätig sein möchte, dem sei die Hintergraslspitze ans Herz gelegt. Spätestens ab dem Hintergrasleck, wo der markierte Pfad endet und in unpräpariertes Felsterrain übergeht, wird man in der Regel allein unterwegs sein.

Schlussakkord an der Wildspitze

Die Verbindung zwischen Vernagt- und Breslauer Hütte, dem Stützpunkt für die Tour auf die Wildspitze, stellt der legendäre Seufertweg her – eine Panoramameile par excellence. Und natürlich darf der höchste Gipfel der Ötztaler Alpen und ganz Nordtirols in diesem Rahmen nicht fehlen. Ein passionierter Hochtourengeher wird das Unternehmen sicher damit krönen wollen. Leider ist der Aufstieg über das Mitterkarjoch mit der zunehmenden Ausaperung in den letzten Jahren deutlich unangenehmer geworden. Es kommt entscheidend auf die aktuellen Verhältnisse an, ob man hier einen heiklen Eiertanz oder eine genussvolle Tour zwischen Himmel und Erde erlebt. Ich persönlich habe es an der Wildspitze noch immer sehr ordentlich erwischt, vor allem auch nicht so fürchterlich überlaufen, wie viele argwöhnen – aber diese Erfahrungen sind natürlich subjektiv. Jedenfalls ist und bleibt die Wildspitze ein herausragendes Ziel, das aus dem klassischen Bergsteiger-Repertoire einfach nicht wegzudenken ist.

Die Abschlussetappe sollten wir auf alle Fälle mit einer Überschreitung des Wilden Mannle beginnen. Die Bergwelt rund um Vent zeigt sich von dort besonders informativ, genau wie eine der wildesten Seiten der Wildspitze, nämlich jene über dem zerklüfteten Rofenkarferner. Danach geht's zur Bergstation des Sessellifts hinab, die wir aber ebenso unbeachtet lassen wie den Wanderweg nach Vent. Der erst in den 90er Jahren geschaffene Panoramaweg zum Tiefenbachferner weckt unser Interesse weitaus stärker. Auf ihm können wir nochmals stundenlang in herrlichsten Ausblicken schwelgen und den Ausklang unserer Tour durch die inneren Ötztaler Alpen so richtig zelebrieren.

Bei der Weißkugelhütte (hier die nebenan stehende Kapelle) zieht uns die landschaftliche Pracht des Langtauferer Talschlusses in Bann. Über allem thront majestätisch die Weißkugel.

IM BANNE DER ZUGSPITZE

Die große Wetterstein-Runde

Wilde Hochtäler zwischen zerklüfteten Felsgraten und himmelwärts strebenden Wänden sind das Markenzeichen des Wetterstein. Das höchste Gebirgsmassiv der Bayerischen Alpen lockt mit effektvollen Kulissen und Paradegipfeln wie Zug- und Alpspitze, die sich jeder Bergsteiger gern ins Tourenbuch schreibt. Um das Wetterstein ausgiebig kennen zu lernen, gibt es keine bessere Möglichkeit, als es auf seinen schönsten Wegen zu durchqueren. Nach einem Auftakt in den Mieminger Bergen geht es über den Südsteig Richtung Dreitorspitzen, anschließend durch die gewaltigen Furchen des Rein- und Höllentals und zu guter Letzt über das Dach Deutschlands.

Seite 30/31: Bergidylle im Puittal, direkt unter den Wänden der Leutascher Dreitorspitze.

Schon von München aus lässt sich bei klarem Wetter – etwa bei Föhnlage – die imposante Skyline des Wetterstein ausmachen. Da nimmt es kaum wunder, dass Bergsteiger und Ausflügler stets in Scharen diesem Lockruf Folge leisten. Das Werdenfelser Land um Garmisch und Mittenwald, aber auch die so genannte Tiroler Zugspitzarena um Ehrwald sind schon lange die Markenartikel des hier blühenden Tourismus. Die Erschließungsgeschichte der Zugspitze offenbart dabei ein höchst anschauliches Kapitel in der Erschließungsgeschichte der Alpen überhaupt. Von den Anfängen im Jahre 1820, als eine Gruppe furchtloser Landvermesser mit einem entsprechenden Auftrag in der Tasche erstmals bis zum Gipfel vordrang (und das in einer Zeit, als dort oben vermeintlich noch der Zuggeist in einer dem Menschen nicht wohl gesonnenen Welt hauste), bis heute, wo die Besucher jährlich in die Hunderttausende gehen und der Gipfel mit mehreren Bahnen, einer riesigen Aussichtsterrasse, Wetter- und Forschungsstationen, Pommes- und Souvenirbuden zubetoniert ist, hat sich an Deutschlands höchstem Berg viel getan. Dennoch wird man – zum Glück – nie alles erschließen können, und so wird das Wettersteingebirge wohl noch lange Zeit hauptsächlich ein Revier für naturverbundene Wanderer und Bergsteiger bleiben. Denken wir zum Beispiel an seinen langen Hauptkamm, die Gruppe der Waxensteine oder das stille Puittal – hier lässt sich allenthalben noch die viel beschworene Bergesruh' finden.

Rechts: Der Aufstieg zum Dach Deutschlands hat es in sich: Ausgesetzter Aufschwung hoch über dem Höllentalferner.

Rechte Seite: Urwüchsige Stimmung am Seebensee. Mit dem Aufstieg zur Coburger Hütte führt uns der Beginn der Rundtour in die Mieminger Berge.

Auftakt in den Mieminger

In besonderem Maße gilt dies auch für die Mieminger Kette, die sich – vom Wetterstein nur durch das Gaistal und das Gebiet der Ehrwalder Alm getrennt – im Süden anschließt. Alpingeografisch wird sie als eine Art Anhängsel dazugerechnet. Zwar eignet sich die Mieminger Kette aufgrund ihrer Struktur und mangels durchgehender Steiganlagen im Ganzen kaum für eine Durchquerung, doch zumindest im westlichen Teil finden wir mit der Coburger Hütte einen guten Stützpunkt vor, den wir gern in eine längere Wetterstein-Tour einbinden möchten. Aus diesem Grund wählen wir Ehrwald auf Tiroler Seite als Ausgangspunkt.

Den meisten wird der Zugang zur Coburger Hütte mit Hilfe der Ehrwalder Almbahn erleichtert. Wesentlich interessanter ist allerdings der Aufstieg über den Hohen Gang, jene steile, gesicherte Geländestufe nördlich des Seebensees. Immer mächtiger baut sich im Rückblick die Wetterwand des Zugspitzmassivs auf – ein gewaltiges, steinernes Bollwerk über dem grünen Talbecken von Ehrwald. Geradezu idyllisch präsentiert sich hingegen der Seebensee mit dem Spiegelbild des Zugspitzstocks, das längst als Kalendermotiv zu Ehren gekommen ist. Aber auch für die formschönen Mieminger Gipfel über dem Drachen- und Schwärzkar wird man alsbald Augen haben. Es ist das reichhaltige Tourenrevier der Coburger Hütte, in das wir nun eintauchen. Zwar haftet den Miemingern der etwas zweifelhafte Ruf erlesener Brüchigkeit an, doch geht es ja nicht überall so scheußlich zu wie etwa in den grimmigen, steinschlaggefährdeten Rinnen am Wampeten Schrofen.

Beliebt ist vor allem die markant geformte Ehrwalder Sonnenspitze. Dabei erfordert die Normalroute durch die Südflanke neben Trittsicherheit und Orientierungsvermögen bei einigen Zweierstellen auch etwas Kletterfertigkeit. Wem dies zu anspruchsvoll erscheint, der nimmt mit dem Vorderen Drachenkopf Vorlieb. Von der Coburger Hütte aus gesehen erweckt dieser zwar ebenfalls nicht den Eindruck leichter Ersteigbarkeit – man muss ihn halt zur Hälfte umrunden, bis er seine Schwachstelle offenbart. Ein markierter Steig leitet ins Schwärzkar und zuletzt von Süden auf den Gipfel, der ein überraschend kontrastreiches Panorama bietet. Als Vordergrundkulisse zur breiten Wettersteinfront erheben sich gegenüber die beiden Tajaköpfe. Dabei liegt der Hintere für uns sogar am Weg. Wenn wir von der

Coburger Hütte über das Hintere Tajatörl ins einsame Brendelkar wechseln, nehmen wir ihn ganz nebenbei mit.

Der aussichtsreiche Südsteig

Um Anschluss an den großartigen Wetterstein-Südsteig zu erhalten, bleibt uns ein längerer Zwischenabstieg leider nicht erspart. Doch in Vorfreude auf einen der schönsten Panoramawege weit und breit wird uns das nicht sonderlich stören. Über die Hochfeldernalm gewinnen wir rasch wieder an Höhe und berauschen uns an der überwältigenden nordseitigen Felsenflucht der Mieminger Kette. Am Feldernjöchl bestünde die Möglichkeit, über das Gatterl auf die andere Seite des Wettersteinkammes zu wechseln, wo

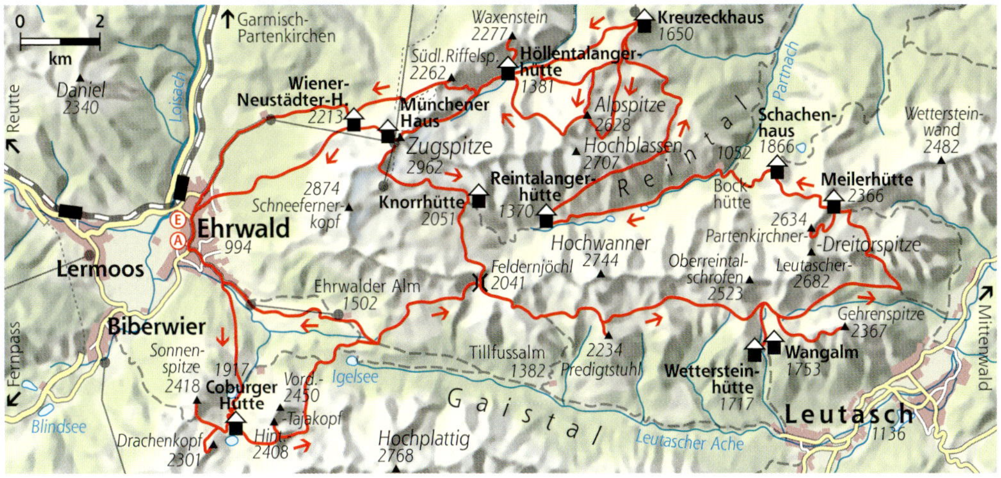

Nach anstrengendem Bergauf erreichen wir die Höhe des Söllerpasses. Von dort schweifen die Blicke über den Arnstock bis ins Karwendel.

Rechte Seite, oben links: Die Alpspitz-Ferrata wartet mit einigen luftigen Passagen auf.

Rechte Seite, oben rechts: Der Südsteig ist als ausgesprochener Panoramaweg bekannt. Bei einem Abstecher zum Predigtstuhl (links) können wir die Aussicht auf die Mieminger Kette ausgiebig genießen.

Rechte Seite, unten: Über der kargen Felsöde des Leutascher Platts erhebt sich die Partenkirchner Dreitorspitze, die über einen Klettersteig relativ leicht zugänglich ist.

die Knorrhütte am unteren Rand des ausgedehnten Zugspitzplatts liegt. Wir wollen uns jedoch die lange Südtraverse nicht entgehen lassen, zählt sie doch zum Prachtvollsten, was dieses Gebirge zu bieten hat. Freilich braucht es dafür schon eine ordentliche Kondition, denn die mit ständigem Auf und Ab gespickte Wegstrecke bis zu den nächsten Unterkünften im Scharnitzkar ist mindestens so lang, wie es auf der Karte den Anschein hat. Dafür aber auch höchst anregend: Während man zu Füßen des schroffen Wettersteinkammes im Sommer durch ein wahres Blumenparadies schlendert, kommt in der glasklaren Luft eines milden Herbsttages vor allem die tolle Aussicht bestens zur Geltung. Die schönsten Kanzeln finden wir bei kurzen Abstechern zum Haberlehnkopf oder Predigtstuhl, wo man nur allzu leicht die Zeit vergisst.

Es wird also ein langer, voll ausgefüllter Tag werden, ehe wir bei der Wangalm respektive Wettersteinhütte einlaufen. Von dort steigen wir am nächsten Morgen zum Scharnitzjoch auf, wo Gipfelhungrige der Versuchung die Gehrenspitze zu erklimmen, kaum widerstehen können. Aufgrund ihrer abgerückten Position bietet sie eine wundervolle Rundumsicht. Besonders die mauerglatten, sonnendurchfluteten Südwände der Scharnitz-, Schüsselkar- und Leutascher Dreitorspitze direkt vis-à-vis nehmen uns gefangen. Ihr fester, griffiger Fels steht bei den Sportkletterern hoch im Kurs. Ostwärts setzt sich diese schroffe Kette bis zum Öfelekopf fort, zwischendrin der Einschnitt des Söllerpasses, den wir nachfolgend zu bewältigen haben. Gnadenlos der Sonne ausgesetzt ist dies einer der schweißtreibendsten Anstiege der Tour. Bevor es dort durchaus exponiert zur Sache geht, können wir uns aber von der malerischen Wiesenwanne des Puittals verzaubern lassen, für mich persönlich einer der herrlichsten Plätze im gesamten Wetterstein.

Über die Meilerhütte ins Reintal

Nicht minder eindrucksvoll, doch in völlig gegensätzlicher Art präsentiert sich die Landschaft jenseits des Söllerpasses. Dort breitet sich das Leutascher Platt aus, eine öde, bleiche Steinwüste, scheinbar abgeschieden von der übrigen Welt. Wir erkennen, dass unser Ziel, die Meilerhütte, nochmals ein Stück höher liegt. Hoch oben am Dreitorspitzgatterl thront sie wie ein Adlerhorst direkt auf der bayerisch-tirolerischen Grenze. Da sie nur unter recht beträchtlichen Strapazen zu erreichen ist (auch die Anstiege durchs Berglental oder von Norden über den Schachen sind lang), ist die Meilerhütte bis heute eine echte Bergsteigerunterkunft geblieben. Ihren Hausberg, die Partenkirchner Dreitorspitze, gehen wir am besten ausgeruht am nächsten Morgen an. Der Hermann-von-Barth-Weg ist zwar kein eigentlicher Weg, als Klettersteig der leichteren Sorte jedoch auch von geübten Bergwanderern zu schaffen. Man sollte nur Vorsicht walten lassen und keine Steine abtreten.

Nach dieser lohnenswerten Gipfeltour bleibt in der Regel noch genügend Spielraum für den Übergang zur Reintalangerhütte. Ohnehin besteht dieser zum größten Teil aus einem Abstieg – stolze 1300 Höhenmeter bis in den Grund des Reintals. Über das Frauenalpl, das sich in der steinernen Umgebung wie eine grüne Oase ausnimmt, steigen wir zu-

nächst zum Schachen ab. Hier können wir uns das königliche Jagdschloss ansehen, die Blumenvielfalt im Alpengarten bewundern oder einfach nur im benachbarten Wirtshaus zur Jause einkehren. Ein Stückchen weiter westlich, gegen das Reintal vorgeschoben, steht der berühmte Pavillon, einst einer der Lieblingsplätze des Bayernkönigs. Das gesamte hintere Reintal samt Zugspitzplatt, eingefasst von Wetterstein- und Blassenkamm, liegt wie ein aufgeschlagenes Buch vor uns. Nur schwer kann man sich von diesem Panorama losreißen, aber auch die Felsenwelt des Oberreintales ist nicht von schlechten Eltern. Wer einen Abstecher zur Oberreintalhütte in Erwägung zieht, sei gewarnt: Es gab Zeiten, da trieb die Klettergilde allerhand Schabernack mit arglosen Wanderern, die sich hierher »verirrt« hatten. Das Oberreintal ist nämlich das klassische Kletterrevier im Wetterstein, ja eines der bedeutendsten der Nördlichen Kalkalpen überhaupt.

Bei der Bockhütte im tiefen Reintal angelangt, schlagen wir die Abzweigung des Bernadeinsteiges als direkte Verbindung zum Kreuzeck aus und nehmen lieber den Umweg über die Reintalangerhütte. Nicht nur, weil uns dort womöglich ein unvergessliches Hüttenerlebnis zuteil wird (Kenner wissen, wovon ich rede), sondern auch wegen des außergewöhnlichen Schützensteiges am folgenden Tag. Dieser ruppige und teilweise auch recht ausgesetzte Pfad führt in ansteigender Querung durch die gesamte Südflanke des Blassenkammes und zieht sich – zumal man alle Falten und Runsen des Geländes ausgehen muss – ganz ordentlich in die Länge. Wie gebannt blicken wir dabei in

Links: Von der Höllentalangerhütte brechen wir zur großen Zugspitz-Überschreitung auf.

Rechts: Das Höllental gilt als Kleinod der Nördlichen Kalkalpen. Mehr als die Zugspitze beeindrucken aus dieser Perspektive die Riffelköpfe.

die gewaltige Hochwanner-Nordwand, übrigens die Höchste im Wetterstein, die wohl von nirgendwo eindrucksvoller erscheint als vom Schützensteig. Der zweite Teil dieser Etappe hinüber zum Kreuzeck geht dann weit weniger beschwerlich vonstatten. Wir sollten uns ruhig Zeit lassen, denn erst wenn der Seilbahnbetrieb am Spätnachmittag eingestellt ist, kehrt auch an diesem stark frequentierten Umschlagplatz Ruhe ein. Nach Sonnenuntergang genießen wir die Blicke in den mit Licht erfüllten Talkessel von Garmisch-Partenkirchen sowie auf die umliegenden Berge, die sich allmählich nur noch als dunkle Silhouetten vor dem Firmament abheben.

Drei Varianten ins Höllental

Gleich drei verschiedene Möglichkeiten stehen für den folgenden Übergang ins Höllental zur Auswahl. Am kürzesten ist die Route via Hupfleitenjoch, die durch den kleinen Abstecher zum Schwarzen Kopf noch bereichert werden kann. Beim Abstieg kommt man an den Knappenhäusern vorbei, die von einer früheren Bergbautätigkeit im Gebiet des Höllentals zeugen. Ebenfalls ohne besondere Schwierigkeiten und kaum viel länger ist die Route über das Höllentor, in manchen Karten wegen des einstigen Viehtriebs auch als Rinderwegscharte bezeichnet. Auch hier lässt sich mit dem nahen Höllentorkopf ein Gipfel mitnehmen, für den man allerdings eine kurze Kletterpassage im zweiten Grad meistern muss.

Die größte Verlockung geht jedoch zweifelsohne von der Alpspitze aus. Als Aushängeschild des Wetterstein ist sie ein echter Publikumsmagnet – wer kennt nicht ihr fotogenes, pyramidenförmiges Antlitz? –, noch dazu gleich mit mehreren attraktiven, gesicherten Steigen ausgestattet. Wer sich auf solchen wohl fühlt, dem sei eine Überschreitung des Gipfels empfohlen. Für den Aufstieg bietet sich entweder die fast schon übermäßig versicherte Ferrata durch die Nordwand oder die Route über die Schöngänge und den Ostgrat an. Eisenhaltig geht's dann auch bergab ins Höllental, zunächst über die Stufen des Südwestgrates zur Grießkarscharte, anschließend über eine jäh abfallende Felsrippe in den wilden Kessel des Matheisenkars. Ziel der Etappe ist die Höllentalangerhütte inmitten einer gewaltigen Felsarena, die zu den beeindruckendsten der Nördlichen Kalkalpen zählt. Neben der Zugspitze bildet die Kette der Waxensteine während des gesamten Abstiegs einen aufregenden Blickfang. Der Große wäre übrigens eine reizvolle Extratour mit recht verwickeltem Steilschrofengelände, Kletterstellen zweiten Grades in der Waxensteinrinne und einer ziemlichen Exklusivität des Gipfelerlebnisses. Dies nur für alle, die zwischen Alp- und Zugspitze vielleicht noch ein Kontrastprogramm suchen. Vom Waxenstein können wir auch den Aufstieg zum »Top of Germany« in allen Einzelheiten studieren und Bergsteiger dabei beobachten, wie sie über den Höllentalferner aufwärts streben oder über den luftigen Jubiläumsgrat wandeln.

Krönendes Finale am höchsten Berg Deutschlands

Wenn am nächsten Morgen das erste Sonnenlicht von den höchsten Bergspitzen eingefangen wird, befinden wir uns auf dem Weg taleinwärts. Wer sich die anspruchsvolle Überschreitung der Zugspitze nicht zutraut, kann bald nach rechts abzweigen, um über die Riffelscharte zurück nach Ehrwald zu gelangen. Alle Zugspitz-Aspiranten überlisten hingegen die scheinbar unüberwindliche Felsbarriere am Ende des Höllentalangers auf der schon legendären, gesicherten Steiganlage via »Leiter« und »Brett«. An den glatten, steil abstürzenden Plattenschüssen ist sicher schon manchem das Herz in die Hose gerutscht. Allmählich gelangen wir über die Vegetationsgrenze hinaus und steigen über ausgedehnte Geröllfelder dem Höllentalferner entgegen. Nicht immer lässt sich dieser unproblematisch überqueren. Die abschließende Felsflanke, bis zum Gipfel immerhin noch 500 Meter hoch und fast durchgehend gesichert, gerät für viele zur echten Konditionsprüfung, aber über die landschaftliche Pracht gibt es in Bergsteigerkreisen wohl nur einhellige Übereinstimmung.

Unterm goldenen Gipfelkreuz herrscht buntes Treiben. Halbschuhtouristen zittern sich über den Mini-Klettersteig von der Aussichtsplattform herüber. Das »echte« Gipfelfoto muss unbedingt gemacht werden, schließlich will man zuhause zeigen, dass man oben gewesen ist. Durch das Gewimmel auf der Aussichtsterrasse, die an schönen Tagen bevölkert ist wie die Fußgängerzone einer Großstadt zur Rush-hour, müssen wir uns einen Weg bahnen. Im Münchner Haus wäre theoretisch eine Übernachtung möglich, doch bei chronischer Überfüllung sollte man darauf verzichten und die wenigen Schlafplätze lieber den Anwärtern des Jubiläumsgrates überlassen. Ein kurzer Gedanke auch an eine Seilbahnfahrt – in null Komma nichts hinunter nach Ehrwald oder zum Eibsee. Doch das Ende wäre zu abrupt und außerdem ist an der Zugspitze eindeutig der Weg das Ziel. Deshalb überlegen wir, ob wir im Abstieg das weitläufige Platt Richtung Knorrhütte überschreiten – um tags darauf über das Gatterl die Rundtour zu vollenden – oder die direktere, steilere Westroute über die Wiener-Neustädter-Hütte vorziehen. Letztere bleibt noch eine ganze Weile in anspruchsvollem Gelände, wobei eine markante kaminartige Rinne, der so genannte Stopselzieher, bewältigt werden muss. Die Wiener-Neustädter-Hütte lädt nochmals zur Rast oder gar zur letzten Übernachtung, ehe sich nach gut einer Woche der Kreis in Ehrwald schließt.

Der Gipfelaufbau der Zugspitze im letzten Abendlicht.

AUF DER SONNENSEITE
DER ZILLERTALER ALPEN

Durch die einsamen Pfunderer Berge

Zwischen Sterzing und dem Ahrntal liegt ein Teil der Zillertaler Alpen, der von der Allgemeinheit nur wenig wahrgenommen wird: die Pfunderer Berge. Modetouren sind hier ebenso rar wie eine für den Massentourismus ausgelegte Infrastruktur. So führt dieses Gebiet – obwohl geografisch eigentlich der Sonne zugewandt – bis heute ein Schattendasein. Dafür lässt sich tagelang in einer stillen, unversehrten Landschaft schwelgen, die geprägt ist von malerischen Hochtälern und Almkesseln sowie einem überraschend weit verzweigten Gefüge von Bergkämmen. Dass man sich überwiegend in hochalpinen Gefilden bewegt, sollte freilich nicht übersehen werden.

Seite 38/39: Das Hochfeiler-Panorama reicht im Osten bis zu den Hohen Tauern, die sich zwischen Venediger und Glockner aufspannen.

Es wäre sicher nicht übertrieben, die Zillertaler Alpen als Schlaraffenland für alpine Durchquerungen zu bezeichnen. Den höchsten Bekanntheitsgrad genießt ohne Zweifel die große Runde des Berliner Höhenwegs, die im ersten Band ja schon ausführlich vorgestellt wurde. Aber auch auf Südtiroler Seite des Zillertaler Hauptkamms gibt es herrliche Übergänge von Hütte zu Hütte, die in landschaftlicher Schönheit jenen auf der Nordseite durchaus nicht nachstehen. Zwar mag die Vergletscherung hier weniger imposant und bestimmend sein, doch dafür überzeugen andere Qualitäten. So werden Touren in den Pfunderer Bergen von denen, die sie unternommen haben, beispielsweise immer wieder als »Wege in die Stille« beschrieben. In der Tat ist das Wort »Ursprünglichkeit« hier mit allen Sinnen zu greifen. Fast möchte man meinen, dass der Natur einfach noch mehr Raum zum Atmen geblieben ist als vielerorts in den Alpen.

Die Pfunderer Berge besitzen in Bergsteigerkreisen nicht gerade den höchsten Stellenwert – zu übermächtig erscheint die »Konkurrenz«, sowohl im Norden als auch im Süden. Dabei mangelt es keineswegs an Herausforderungen für gestandene Alpinwanderer. Der in fünf strammen Tagesetappen von Sterzing nach Bruneck führende Pfunderer Höhenweg ist ein Paradestück seiner Art und erschließt uns diese Bergregion auf überaus reizvolle Art. Wer es noch zünftiger mag, bleibt im späteren Teil der Durchquerung näher am Hauptkamm und folgt zu guter Letzt dem Stabelerweg bis zur Schwarzensteinhütte, dem höchsten Haus der gesamten Zillertaler Alpen. Allerdings eignen sich diese Übergänge kaum für Gelegenheitswanderer, denn sie sind teilweise sehr lang und mit der einen oder anderen Hürde gespickt. Selbst die dunkelgrünen, aus der Ferne recht harmlos wirkenden Pfunderer Berge haben es mit ihren nicht selten kirchdachsteilen Grasflanken in sich, besonders wenn unser Weg nicht mehr ist als ein spärlich ausgetretener Hirtenpfad. Im ständigen Auf und Ab zwischen den verschiedenen Kämmen und Gratschneiden hat man zudem eine solide Kondition unter Beweis zu stellen. Wer diesen Anforderungen gewachsen ist, kann die Durchquerung sogar mit einigen der höchsten Zillertaler Gipfel krönen: Hochfeiler, Möseler und Schwarzenstein gewähren dem entsprechend vorbereiteten und ausgerüsteten Bergsteiger relativ gutmütige Anstiege von Süden und zum Lohn eine unermessliche Fernsicht über das ostalpine Gipfelmeer.

Rechts: Höher geht's in den gesamten Zillertaler Alpen nicht mehr: Am Gipfel des Hochfeilers.

Rechte Seite, links: Immer wieder wird der Weg von prachtvoller Flora gesäumt, wie hier beim Aufstieg zur Sengesscharte.

Rechte Seite, rechts: Inmitten idyllischer Matten liegt die Simile Mahdalm, Ziel unserer Auftaktetappe am Pfunderer Höhenweg.

Der Pfunderer Höhenweg

Nur ein kurzes Stück muss der von Norden Anreisende über den Brenner fahren. Dann gilt es, sich nicht vom Lockruf der Dolomiten oder anderer berühmter Destinationen verführen zu lassen, sondern bereits im Sterzinger Becken auszusteigen und sich in die friedliche Welt der Pfunderer Berge zu verabschieden. Deren Reize sind vorerst kaum zu erahnen. Sie verbergen sich gleichsam hinter ausgedehnten, mit einem dichten Waldkleid überzogenen Vorbauten. Was allerdings den Vorteil hat, dass sie weniger zum »Konsumieren« als vielmehr zum wirklichen Erleben einladen. Der Eilige ist hier fehl am Platz, das wird er schnell merken.

Ob man zu Beginn den originalen Pfunderer Höhenweg von Wiesen unter die Füße nimmt oder einer etwas kürzeren Variante von Trens folgt, bleibt Geschmackssache – spätestens bei der Plitschalm geht's ohnehin gemeinsam weiter. Oberhalb gelangen wir zum Jägerjöchl und blicken erstmals in das Reich der »grünen Pfunderer«. Wohl zeigen sich die Berge bis weit in die Gipfelregion hinauf wie mit Samt überzogen, doch abgerundete Wiesenbuckel sind es deshalb noch lange nicht. Beim Anblick des gegenüberliegenden Kreuzspitzkammes keimt die Vermutung auf, dass uns diese Tour wahrscheinlich ganz beachtlich fordern wird. Wer die schmalen Pfade zudem bei Nässe begeht, trifft sie in außerordentlich heiklem Zustand an und wird sich unter Umständen von den »ach so harmlosen« Pfunderern in die Falle gelockt fühlen. Doch zum Glück scheint im

Süden des Alpenhauptkamms ja meistens die Sonne, sodass man – mit entsprechender Trittsicherheit ausgestattet – das einsame Wandervergnügen in vollen Zügen genießen kann. In dem typischen, abschüssigen Grasgelände führt uns die erste Etappe am Trenser Joch vorbei – wo sich ein großartiger Blick über das nördlich gelegene Pfitschtal bietet – und schließlich hinab zur Simile Mahdalm. Massenaufläufe sind hier nicht zu erwarten, obwohl die Umgebung mit ihren besonders im Frühsommer von einer bezaubernden Flora gesäumten Bergwiesen ziemlich exakt ins idyllische Wunschbild vieler Südtirol-Urlauber passen würde.

Wir erfreuen uns an der wohltuenden Ruhe und brechen am nächsten Tag in Richtung Sengesscharte auf. Gleich

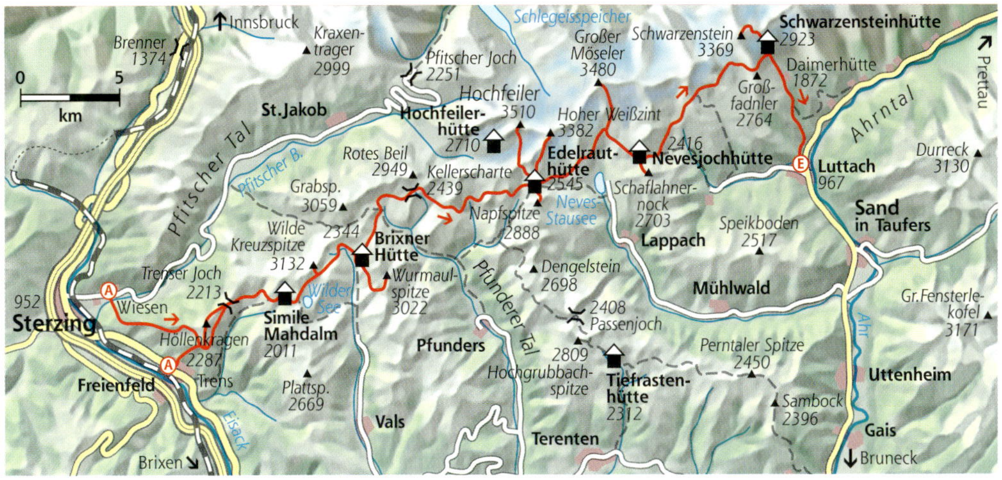

Die Edelrautehütte am Eisbruggjoch ist ein wichtiger Tourenstützpunkt auf der Südseite der Zillertaler Alpen.

dahinter erwartet uns der sagenumwobene Wilde See, eine wahre Perle der Region. Er bringt so richtig Glanz in den ernsten, von kargen Schieferschuttflanken umkränzten Karkessel, der vom höchsten Pfunderer Gipfel überragt wird. Die Wilde Kreuzspitze gilt als erstrangiger Aussichtspunkt, den man keinesfalls versäumen sollte. Auch wenn der Aufstieg über die mürbe Flanke eine gehörige Portion Beharrlichkeit erfordert – das Panorama entpuppt sich als weit überdurchschnittlich und wiegt jede Mühsal mehrfach auf. Im Anschluss steigen wir durchs Rauhtal, wo sich meist bis weit in den Sommer hinein Firnfelder halten, in den weiten Hochalmkessel der Pfann und zur Brixner Hütte ab. Auch hier empfängt uns ein von Bergmatten geprägter, abgeschlossener Winkel, der die moderne Welt vergessen lässt. Hausberg der Brixner Hütte ist die Wurmaulspitze, die sich von unten gesehen etwas schroff und abweisend gebärdet. Zahlenfetischisten werden indes registrieren, dass es sich immerhin um einen Dreitausender handelt, während Landschaftsästheten die hervorragende Aussicht rühmen. Grund genug, der Wurmaulspitze einen Besuch abzustatten: reichlich zwei Stunden Aufstieg in steilen Flanken und viel, viel schneller im Abstieg – dank des stark verwitterten Schiefers, in dem es der Geübte richtig schön laufen lassen kann.

Rechte Seite: Während des Aufstiegs zur Napfspitze, dem Hausberg der Edelrautehütte, bauen sich vis-à-vis Niederer und Hoher Weißzint auf.

Vier-Scharten-Marathon zur Edelrautehütte

In puncto Länge ist der nächste Übergang zur Edelrautehütte die »Hammeretappe«, darüber lässt schon die Karte keine Zweifel aufkommen. Gleich mehrmals geht es kräftig bergauf und bergab, und das bei wechselnder Geländebeschaffenheit von weichen Graspolstern bis zu grobem Blockwerk. Steinkar-, Keller-, Dannel- und Gaisscharte heißen die vier Überstiege in den jeweilig folgenden Karkessel, und ganz zuletzt muss noch das Eisbruggjoch mit seiner Hütte erklommen werden. Dabei wird es mit zunehmender Dauer immer anstrengender. Gibt sich der Weitenbergkessel noch sanft und gutmütig (falls man nicht so unaufmerksam wie der Autor ist, die Markierung aus den Augen verliert und zur Strafe ein wegloses Stück mit abenteuerlicher Bachquerung hinlegen muss), wird es spätestens beim Aufstieg zur Gaisscharte ganz schön ruppig. Doch mit der Überlänge dieses Marsches vervielfachen sich auch seine großartigen Landschaftsimpressionen. An jeder Scharte öffnet sich ein neues Bild. Und wo könnte man als leidenschaftlicher Weitwanderer seiner Lieblingsbeschäftigung wohl ausgiebiger nachkommen als auf solch grandiosen Höhenwegen!

Wer die Strecke an einem Tag konditionell nicht packt, braucht indes nicht zu verzagen. Als Notlösung ist im Weißsteinkar, knapp unterhalb des normalen Routenverlaufs, das Brenninger-Biwak positioniert. Allerdings sollte man nach Möglichkeit das Erreichen der Edelrautehütte anstreben, die behaglich genug ist, um – nachdem inzwischen ordentlich Strecke gemacht wurde – ein oder zwei Tage länger auszuharren. Dies insbesondere, zumal die Umgebung höchst interessante Gipfelziele aufzubieten hat. Am schnellsten ist die nahe Napfspitze bestiegen – ein exzellenter Punkt, um die Parade des Zillertaler Hauptkamms abzunehmen. Direkt vis-à-vis ragen die beiden Weißzinte auf. Besonders der Hohe ist, obwohl kein namhaftes, dennoch ein alpinistisch sehr lohnendes Ziel für hochtourenerprobte Berggeher. Wie bei derartigen Anstiegen üblich, kommt man mit Moränengelände, einer (in diesem Fall ziemlich unproblematischen) Gletschertraverse sowie mehr oder weniger ausgeprägter Kraxelei an blockigen Urgesteinsgraten in Berührung.

Rast am Höhenweg zwischen Keller- und Dannelscharte. Blickfang ist die gut 3000 Meter hohe Wurmaulspitze, ein typischer Vertreter der Pfunderer Berge.

Abstecher zum Hochfeiler

Ein Stück weit nordwestlich erhebt sich der Hochfeiler als höchster Gipfel der Zillertaler Alpen. Er liegt zwar nicht unmittelbar an unserer Route, doch kostet der Abstecher zu ihm auch nicht mehr als einen Tag extra. Nachdem die ehemalige Wiener Hütte zerstört war und die jetzige Hochfeilerhütte noch nicht gebaut, galt der Anstieg vom Eisbruggjoch sogar als der allgemein Übliche. Man hat in diesem Fall halt erst die Untere Weißzintscharte sowie den Gliederferner zu überschreiten, ehe man dem Berg zu Leibe rücken kann. Während ab Hochfeilerhütte normalerweise über den gesamten Südwestgrat aufgestiegen wird, peilt man von der Edelrautehütte kommend direkter dessen oberen Teil an. Dort faszinierte einst eine makellose Firnschneide, die aber mittlerweile in den Sommern meist völlig abschmilzt. Die Steigspuren am blockdurchsetzten Grat machen den Hochfeiler damit zu einem der höchsten Wandergipfel der Alpen. Allerdings sollte man sich der großen Höhe und der damit verbundenen Gefahren allemal bewusst sein. Sonst wird der »Traumgipfel« urplötzlich zum bösen »Alptraumgipfel«.

Typische Landschaft am Stabelerweg, der durch urweltliche Hochkare die Nevesjoch- mit der Schwarzensteinhütte verbindet.

Zurück bei der Edelrautehütte stellt sich uns die grundlegende Frage nach der Fortsetzung der Tour. Wer dem gesamten Pfunderer Höhenweg folgen möchte, wendet sich nun ins Eisbruggtal hinab, um via Kuhscharte die steilen Grasflanken über dem Pfunderer Tal zu erreichen. Nach längerer Traverse geht es via Passenjoch zur Hochsägescharte und jenseits hinab zur Tiefrastenhütte. Anderntags folgt noch die letzte Etappe über die sanfteren zum Pustertal hin orientierten Kämme, ehe die Tour im Talbecken von Bruneck ihr gelungenes Ende findet. Soweit die Beschreibung in Kurzform, Interessenten können die einzelnen Etappen detailliert in meinem Buch »Die schönsten Bergwanderungen in Südtirol« nachlesen.

Neveser Höhenweg und Stabelerweg

Die andere, hier näher ausgeführte Variante verbleibt hingegen auf Tuchfühlung zum Hauptkamm und weist zweifellos die packenderen Landschaftsbilder auf. Dabei wird das Gelände nach und nach rauer, insbesondere am Stabelerweg. Doch zunächst steht uns der Neveser Höhenweg bevor, der in einer Durchschnittshöhe von rund 2500 Metern die beiden Hütten am Eisbrugg- und Nevesjoch verbindet. Mit dem Fernglas sind sie beide gut zu erkennen; die Trasse muss freilich in großem Bogen den gesamten dazwischen liegenden Taleinschnitt umgehen, der mit dem blau-grünen Spiegel des Neves-Stausees einen optischen Reizpunkt erhält. Der über weite Strecken vorzüglich gebahnte Steinplattenweg verläuft stets im Übergangsbereich der Bergmatten zum alpinen Ödland, das sich unterhalb der in unserem »neu errungenen« Treibhausklima übrig gebliebenen Gletscherzungen ausbreitet. Wer mit dem relativ kurzen Übergang nicht ausgelastet ist, kann zusätzlich den Großen Möseler anvisieren und mit einer weiteren zünftigen Gipfelbesteigung das Tagesprogramm ordentlich füllen.

Ein beschauliches Wandervergnügen mit geringen Höhenunterschieden wie am Neveser Höhenweg ist dem nachfolgenden Stabelerweg freilich nicht zu eigen. Auf der hochalpinen Verbindung von der Nevesjoch- zur Schwarzensteinhütte zeigt das Gelände wieder Zähne – im wahrsten Sinne des Wortes. Wir bewegen uns mitten durch die einsamen Hochkare am unmittelbaren Südabfall des Zillertaler Hauptkamms in einer geradezu mustergültigen Zentralalpenlandschaft. Die Kare sind hier nicht wie in den Kalkalpen mit feinem Geröll, sondern meist mit grobem, zuweilen chaotisch übereinander getürmtem Blockwerk angefüllt und von zackigen Urgesteinsgraten flankiert. An der Gelenkscharte, dem engen Schwarzenbachtörl und der

zwischen bizarren Felsen gelegenen Zu-Törla-Scharte müssen sie dreimal überkraxelt werden. Entlegene Gletscherwinkel und rauschende Wildbäche runden das urweltlich anmutende Bild ab.

Ausdauer und Geländegängigkeit werden also nochmals auf die Probe gestellt, ehe der Stabelerweg am höchsten Punkt endet. Hoch oben am Blockgrat der Tribbachschneide, nicht weit von der Dreitausendermarke entfernt, thront die Schwarzensteinhütte als echter Luginsland über der Ahrntaler Bergwelt. Im Rücken bäumt sich derweil der mächtige Schwarzenstein auf, einer der Riesen im Hauptkamm, mit dem sich unsere Tour durch die Südlichen Zillertaler wunderbar abschließen ließe. Von der hoch gelegenen Hütte ist seine Besteigung beinahe ein Katzensprung; am nächsten Morgen, wenn das Wetter gut und der Firn tragfähig ist, sollten wir zu ihm aufbrechen. Nach einer weiteren Exkursion ins Zillertaler Eis stehen dann »nur« noch runde 2400 Abstiegsmeter (vom Gipfel gerechnet) bis in den Grund des Ahrntals bevor – ein Weg, der uns die Dimensionen dieser Landschaft abermals deutlich vor Augen führt. Beschaulich und mit ganz eigenem Charme behaftet hat die Durchquerung unweit von Sterzing begonnen, wild und überwältigend findet sie jetzt an den Abhängen des Schwarzensteins ihr Ende.

Im Angesicht des Östlichen Nevesferners führt der Neveser Höhenweg durch das Gletschervorfeld.

TAUERN-TRANSVERSALE
ZWISCHEN KAPRUN UND KRIMML

Die »Haute Route« des Oberpinzgaus

Welcher passionierte Bergsteiger bekäme keine leuchtenden Augen, wenn er an die Hohen Tauern denkt? Mächtige Gipfel, Respekt heischende, zerklüftete Gletscher, tosende Wildbäche, malerische Seen in einsamen, steinreichen Hochkaren … – ein Füllhorn faszinierender, vor allem glazial geprägter Landschaftsformen zeichnet den großen Gebirgszug südlich des Oberpinzgaus aus. Wir durchqueren das Gebiet in seiner Kernzone am Alpenhauptkamm, die nach langem Ringen zum Nationalpark erklärt werden konnte. Insgesamt eine Tour für gehobene Ansprüche, die einiges abverlangt, im Gegenzug aber auch überwältigende Eindrücke bietet.

Seite 46/47: Wandererlebnis am St. Pöltener Westweg vor der Kulisse des Großvenedigers.

Blickt man von den Gipfeln der Nordalpen gen Süden, so lässt sich jenseits des Pinzgaus eine eisbewehrte Kammlinie ausmachen, die wie eine Fata Morgana am Horizont zu schweben scheint. Eine prachtvolle Anordnung majestätischer Keesberge bildet dort den gewaltigsten Gebirgszug der österreichischen Alpen, die Hohen Tauern. Einige Gipfel ragen deutlich heraus: Ihr höchster natürlich, der Großglockner, und gleich nebenan das Wiesbachhorn, das aus gewissen Perspektiven sogar noch beherrschender als der Tauernfürst wirkt. Ein gutes Stück weiter westlich ist es der Großvenediger, ein Firndom von edler, gemessener Gestalt. Was aus der Ferne schon eindrucksvoll aussieht, wird umso aufregender, wenn man mittendrin steckt und mit den großen Gipfeln unmittelbar auf Tuchfühlung geht.

Rechts: Der Zustieg zum Sonnblickkees am St. Pöltener Ostweg ist durch eine Leiter gangbar gemacht.

Rechte Seite: Am Gleiwitzer Höhenweg peilen wir die Untere Jägerscharte rechts des Felszackens in Bildmitte an. Links im Hintergrund der Hohe Tenn mit seiner mächtigen Bratschenflanke.

Eine besondere Bedeutung kommt in dieser Hinsicht der großen Längsdurchquerung zu, lapidar als »Tauern-Höhenweg« bezeichnet. Obwohl wir ihn hier nicht in seiner ganzen Länge begehen wollen (dazu müsste man viel, viel weiter im Osten starten und zudem mehrere Wochen Zeit haben), soll er doch über weite Strecken unsere Leitlinie bilden. Darüber hinaus verlängern wir die Tour gen Westen bis in die Reichenspitzgruppe, die – alpingeografisch schon zu den Zillertaler Alpen gehörend – vergleichbar wirkungsvolle Szenerien bereithält und sehr viel mehr als nur ein Anhängsel ist. Auf einer Übersichtskarte wird auf Anhieb deutlich, dass dieses Unternehmen im Grunde die perfekte Oberpinzgauer Haute Route verkörpert.

Durch die nördliche Glocknergruppe

Eine besonders attraktive Ouvertüre ergibt sich in der Region Kaprun, wo der Tauernhauptkamm einen mächtigen Seitenast nach Norden entsendet und die Gleiwitzer Hütte als erster Stützpunkt günstig positioniert ist. Der übliche Zustieg kommt von Fusch an der Großglocknerstraße, doch soll die Alternative über die Brandlscharte hier nicht unerwähnt bleiben. Dazu startet man bei der Talstation der vor einigen Jahren traurig berühmt gewordenen Kapruner Gletscherbahnen. Das erschlossene Gebiet liegt freilich drüben am Kitzsteinhorn, während es an der östlichen Talflanke oft nicht mehr als schmale, halb verwachsene Bergpfade gibt. Der lange, schweißtreibende Aufstieg, noch dazu mit schwer bepacktem Hochtourenrucksack, fordert seinen Tribut. Jenseits der Brandlscharte, im Gebiet der Gleiwitzer Hütte angekommen, setzt der Hohe Tenn mit seiner wuchtigen Nordwand einen ersten hochalpinen Markstein, während sich die Glanzlichter der Glocknergruppe vorerst noch dezent im Hintergrund halten.

Ihnen nähern wir uns mit dem Übergang zum Heinrich-Schwaiger-Haus, der es abschnittsweise ganz schön in sich hat. So genannter Bratschenfels ist das typische, ziemlich eigentümliche Material, aus dem die Berge hier vorwiegend aufgebaut sind. Zwar ist der stark verwitterte Kalkglimmerschiefer bei guten Verhältnissen und gemäßigter Steilheit recht unproblematisch zu begehen; bei Vereisung hingegen kann die Sache ganz anders aussehen. Der erwähnte Hohe Tenn lässt sich übrigens mit nicht allzu viel Mehraufwand mitnehmen – ein unterhaltsamer, teils luftiger Gratübergang vom Kempsenkopf her, mit einer kurzen, aber durchaus ernst zu nehmenden Schlüsselstelle am Kleinen Tenn, der den Weiterweg wie ein Gendarm zu sperren scheint. Einige Steigbügel helfen über die senkrechte Passage hinweg.

Was es für viele zum Ende der Etappe nicht unbedingt bräuchte, ist der anhängliche Gegenanstieg zum Heinrich-Schwaiger-Haus (man muss nämlich vorher in jedem Fall fast bis zum Stausee Mooserboden hinunter). Ich darf aber versichern, dass die Lage der Hütte auf der hohen Schulter des Fochezkopfes jeden begeistern wird, zumal sie gleichzeitig von herrlichen Fernblicken, fulminanten Tiefblicken zum Mooserboden und einem wilden Kessel aus Gletscherlappen und zerschrundetem Fels gleich in der Nachbarschaft bestimmt wird. Wo hat man das schon? Zudem gibt es mit dem Großen Wiesbachhorn einen echten Paradegipfel als Hausberg. Dessen legendärer, überfirnter Kaindlgrat hat sich zwar inzwischen weitgehend verflüchtigt, doch hat dies die Attraktivität nicht wesentlich geschmälert. Im Gegenteil: Mittlerweile werden nicht nur Hochtourengeher, sondern zunehmend auch erfahrene Bergwanderer angelockt. Denn was das zurücktretende Eis frei gegeben hat, ist hier weitaus angenehmer als anderswo, und die Aussicht ist ohnehin die gleiche geblieben. Mit dem Glockner als Blickfang darf sie als echtes Highlight gewertet werden.

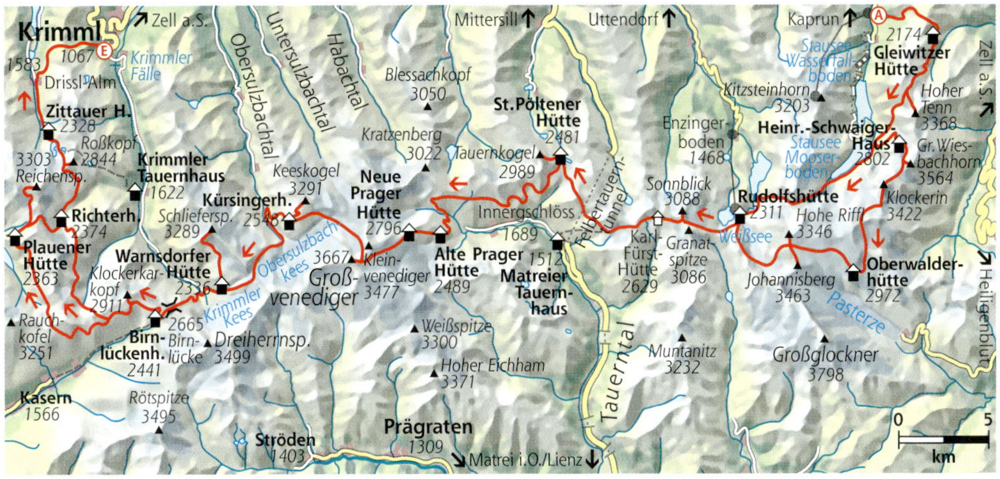

In prächtiger Panoramalage vis-à-vis von Johannisberg und Hoher Riffl gelegen, dient das Heinrich-Schwaiger-Haus als Ausgangspunkt für das Große Wiesbachhorn.

Zwei Varianten zur Rudolfshütte

Wer die Wege des geringsten Widerstands bevorzugt, wird im Folgenden erneut zum Mooserboden zurückkehren, um anschließend übers Kapruner Törl zur Rudolfshütte zu wechseln. Diese Route ist in weiten Bereichen als solider Bergsteig ausgebaut. Sie kann allenfalls ernsthafte Probleme aufwerfen, wenn mal wieder die eine oder andere Brücke über wasserreiche Gletscherbäche weggerissen ist. Bei meiner Erkundung ergaben sich dadurch zwei recht abenteuerliche Querungen – an Seilen hangelnd barfuß durchs eiskalte Nass. Doch muss man auf solcherlei Hindernisse im Gebirge ja eigentlich immer irgendwie gefasst sein.

Richtiges Hochtouren-Feeling verspricht dagegen der Umweg über die bereits auf Kärntner Boden gelegene Ober-

walder Hütte. Mehrere stattliche Gipfel und vergletscherte Scharten, durchwegs in Höhen über dreitausend Meter, werden dabei überschritten. Es handelt sich zweifelsohne um einen der respektabelsten Übergänge in den Tauern, der allerdings erhebliche Tücken haben kann. War man früher überwiegend in nur mäßig schwierigem Eis unterwegs, sind mit zunehmender Ausaperung die Anforderungen eindeutig gewachsen. Da kann ein Autor kaum noch generelle Empfehlungen geben, zu sehr wandeln und unterscheiden sich die Verhältnisse in den derzeitigen Sommern. Um sich nicht mit allerlei Unannehmlichkeiten konfrontiert zu sehen, sollte man sich nur bei günstigen Bedingungen und stabilem Wetter darauf einlassen. Beim Aufstieg Richtung Wiesbachhorn können wir uns Klarheit verschaffen, denn

Malerische Bergseen sind in den Tauern keine Seltenheit. Hier der Grüne See am St. Pöltener Ostweg.

Am Tauernkogel oberhalb der St. Pöltener Hütte genießen wir den Blick über die Granatspitzgruppe zum Großglockner.

Oben: Zerklüftete Gletscherhänge am Schlatenkees. Hier beginnt die ernste Venediger-Etappe von der Neuen Prager zur Kürsinger Hütte.

Unten: Der Blick aus der Birnlücke zum Großvenediger erfasst die packenden Landschaftselemente der Tauern: Eis und Urgestein!

der Zustand der gegenüberliegenden Bratschenkopf-Flanke gibt wertvolle Aufschlüsse. Wagt man den Übergang, so gelangt man über die Klockerin zur Gruberscharte, wo eine Biwakschachtel für Notfälle platziert ist. Auf diese sollten wir aber nicht unbedingt angewiesen sein, denn bei anhaltendem Schlechtwetter sitzt man hier schnell in einer Falle. In der Folge sind nämlich noch weitere abgelegene Gletscherbecken zu durchqueren, erst mit Erreichen der Oberwalder Hütte auf der Felsinsel des Großen Burgstall darf man durchatmen. Die imposante Umgebung im Herzen der Glocknergruppe sucht landschaftlich freilich ihresgleichen. Wir befinden uns jetzt im Bereich der Pasterze, des größten Gletschers in Österreich. Eine sanft ansteigende Traverse über den Obersten Pasterzenboden führt uns am nächsten Morgen zur Oberen Ödenwinkelscharte, hinter der sich ein tiefer, urweltlich anmutender Kessel auftut. Nach allfälligem Abstecher zur Hohen Riffl oder zum Johannisberg steigen wir dort hinunter und gelangen leichter als erwartet auf das meist apere Ödenwinkelkees sowie am linken Ufer hinaus zur Rudolfshütte.

St. Pöltener Ost- und Westweg

Mit den letzten Schritten zur Rudolfshütte verlassen wir die Glocknergruppe und kommen in der Granatspitzgruppe an. Gleichzeitig empfängt uns der außergewöhnlichste Stützpunkt der Tour. Zwar wird wohl niemand behaupten wollen, dieses Bauwerk füge sich harmonisch in die Landschaft ein, doch mit dem gebotenen Komfort können die meisten sicherlich leben. Ob man zwischen langen Tagesetappen abends noch Indoor-Klettern mag, sei dahingestellt, die eine oder andere Annehmlichkeit ist aber durchaus von Nutzen. Die jüngst privatisierte Rudolfshütte ist als alpines Ausbildungszentrum natürlich weit mehr als ein normaler Bergsteigerstützpunkt. Für uns soll sie das in diesem Fall aber bleiben, denn früh am nächsten Morgen sind wir auf dem St. Pöltener Ostweg entschwunden. Und da steht einiges bevor.

Denn ein Höhenweg wie jeder andere ist der St. Pöltener Ostweg nicht. Überhaupt erscheint mir der Begriff »Weg« hier reichlich verharmlosend. Da wäre erst einmal ein deutlicher Hinweis auf die sehr beachtliche Länge zu geben – für Ungeübte an einem Tag kaum zu schaffen. Die Route hält ständig die Nähe zum Tauernhauptkamm, wechselt dabei sogar einige Male die Seite. Obwohl das Eis auch hier merklich zurückgegangen ist, kann der St. Pöltener Ostweg ihm nicht vollständig ausweichen. Immer wieder kommen wir mit Gletschern oder deren Resten in Berührung, am ausgiebigsten zu Beginn bei der Überschreitung der Granatscharte. Ansonsten hält ausgerechnet das unlängst ausgeaperte Terrain häufig die größte Mühsal bereit. Unwegsame, schwer überschaubare Gletscherschliffzonen und Geröllhalden, in denen so mancher Stolperstein liegt, verlangen einiges an Gewandtheit, Gleichgewichtsgefühl und Orientierungsvermögen. Eine Prüfung selbst für gestandene Alpinwanderer! Immerhin wird das Gelände im letzten Drittel zunehmend leichter, dann kann man sogar von einem richtigen Weg sprechen. So hat man bei der St. Pöltener Hütte gewiss nicht ohne ein wenig Stolz einen der anstrengendsten, aber auch faszinierendsten Hüttenübergänge in den gesamten Alpen hinter sich.

Die logische Fortsetzung bildet der St. Pöltener Westweg hinüber zu den Prager Hütten, dem damit gleichzeitig das Eintrittstor ins Venedigergebiet zukommt. Am besten stimmen wir uns darauf mit einer Besteigung des Tauernkogels ein, das hebt so richtig die Vorfreude. Von der Früh weg strahlt uns das Gletscherdach des Venedigers entgegen. Sein Lockruf soll nicht ungehört verhallen. Fast bin ich geneigt, den Westweg als Musterbeispiel einer Panoramaroute zu bezeichnen. Ein ununterbrochener Schaugenuss ist garantiert, dabei präsentiert sich der Weg selbst zwar nicht als Kurpromenade, aber auch nirgends schwierig oder besonders hindernisreich. Es ist ein Tag, an dem wir die Seele richtig baumeln lassen können, bevor wir uns in engen Kontakt mit dem Ehrfurcht gebietenden Venediger-Eis begeben.

Viel Eis am Großvenediger

Dort steht uns nämlich die hochalpinste Etappe überhaupt bevor. Zwischen der Neuen Prager und der Kürsinger Hütte bewegt man sich fast ausschließlich auf Gletschern. Mit dem Schlatenkees im Osten und dem Obersulzbachkees auf der Nordseite betreten wir die beiden größten Areale der Venedigergruppe – gewaltige Eislandschaften von verblüffender Weite, die bereits an westalpine Dimensionen erinnern. Riesige Querspalten erfordern des Öfteren großräumige Ausweichmanöver sowie das geübte Auge eines erfahrenen Hochtourengehers. Berüchtigt ist vor allem jener breite Schrund nördlich unterhalb der Venedigerscharte, der in den letzten Jahren meist nur noch mit Hilfe einer langen Metallleiter »himalayamäßig« überwunden werden konnte. Was den einen oder anderen wiederum Überwindung kosten mag. Wer den Großvenediger selbst einbezieht – und das wird wohl kaum jemand versäumen wollen –, hat im wahrsten Sinne des Wortes den Höhepunkt der Tour erreicht: 3667 Meter über dem Meeresspiegel. Am schmalen Gipfelgrat kann es dabei schon recht eng zugehen, wenn zahllose Seilschaften aus verschiedenen Himmelsrichtungen zu ihrem »Traumberg« stürmen.

Der Weiterweg führt uns an der Nordseite des Venediger-Hauptkamms entlang bis ins hinterste Krimmler Achental, stets im Bannkreis zerklüfteter Gletschermassen und unnahbar wirkender Felsgrate. Prächtige Logenplätze bieten

Blick über den Stausee Mooserboden zum Karlingerkees; rechts davon der Einschnitt des Kapruner Törls.

Imposante Gletscherbrüche, wie hier am Obersulzbachkees, sind ein typisches Merkmal der Tauern-Landschaft. Darüber erheben sich die Dreitausender um den Großen Geiger.

zudem der Keeskogel gleich oberhalb der Kürsinger Hütte sowie die Schlieferspitze, die sich mit etwas größerem Aufwand von der Warnsdorfer Hütte aus besteigen lässt. Auch der Übergang zwischen diesen beiden Stützpunkten bleibt dem allgemeinen Tauerncharakter treu – in landschaftlicher Hinsicht sowieso, aber auch was die zuweilen unzimperliche Ruppigkeit des Terrains anbelangt. So sorgt auch hier der Eisrückgang für zunehmend instabile Verhältnisse; der Direktabstieg von der Kürsinger Hütte auf die Zunge des Obersulzbachkeeses musste wegen permanenter Steinschlaggefahr sogar offiziell gesperrt werden. Das zieht einen nicht unerheblichen Zwischenabstieg ins innere Obersulzbachtal nach sich, doch ist die eigentliche Hürde erst genommen, wenn man den Weg über einen steilen Felssporn ins Gletscherhochbecken und hinauf zum Gamsspitzl gefunden hat. Die nächste eisfreie Verbindung gibt's zur Abwechslung zwischen Warnsdorfer und Birnlückenhütte, womit wir im Angesicht der stolzen Dreiherrnspitze sogar einen kleinen Schlenker über Südtiroler Boden machen.

Abschluss in der Reichenspitzgruppe

In diesem Bereich grenzen die Hohen Tauern an die Reichenspitzgruppe, ihrerseits als Teil der Zillertaler Alpen geläufig. Doch wie schon bei den einzelnen Tauerngruppen gibt es für uns einen fließenden Übergang ohne größere Zäsuren. Wir verbleiben weiterhin in alpinen Gefilden, besiedelte Täler sind weit entfernt. Gerade daraus resultiert der unwiderstehliche Reiz dieser Durchquerung, mit der es auch in Mitteleuropa noch möglich ist, der zivilisierten Welt für eine ganze Weile zu entfliehen. Das Ambiente der Reichenspitzgruppe darf als besonders wild und urwüchsig gelten, wobei dieser Eindruck vor allem von den schroffen, plattigen Felskastellen und zersägten Urgesteinsgraten ausgeht. Gemeinsam mit den zerrissenen Gletschern verleihen sie der Landschaft ein unvergleichlich unnahbares Gepräge.

Und doch gibt es für den alpintauglichen Wanderer auch hier Verbindungsmöglichkeiten zwischen den verschiedenen Stützpunkten. Nach dem kurzen Südtiroler Intermezzo auf dem Lausitzer Weg kehren wir entweder über den Krimmler Tauern oder über das Heilig-Geist-Jöchl auf die Nordseite zurück. Erstgenannte Route leitet direkt zur Richterhütte, während die Zweite den Umweg über die Plauener Hütte nimmt. Dort begeistern uns der Hannemannweg als ausnehmend schöne Panoramastrecke und die Reichenspitze als erstrangiges Hochtourenziel. Da wird wohl kein passionierter Bergsteiger achtlos vorübergehen. Die Gamsscharte vermittelt anschließend die Querverbindung von der Plauener zur Richterhütte, trotz der Kürze eine der anspruchsvolleren Etappen. Hat man den zuweilen heiklen Überstieg von den Firnfeldern am Wandfuß in den Fels gemeistert, darf man sich im Bereich einer unangenehmen Steilrinne bis in die Scharte hinaufkämpfen. Zum Lohn gibt's nebenan mit der Richterspitze einen weiteren Dreitausender einzuheimsen, ehe es zur Richterhütte im oberen Windbachtal hinabgeht.

Am Ende des Hannemannweges, kurz vor Erreichen der Plauener Hütte, zieht uns die zentrale Reichenspitzgruppe mit dem Kuchelmooskees in Bann.

Unter den wilden, schwer zugänglichen Gipfeln der Reichenspitzgruppe empfängt uns die heimelige Richterhütte.

Weitaus gutmütiger als die Gamsscharte präsentiert sich der folgende Übergang zur Zittauer Hütte, mit dem obligatorischen Abstecher zum Roßkopf wieder eine typisch zentralalpine Wanderung inmitten einer Landschaft grasbewachsener Flanken, rauschender Wildbäche und geröllbedeckter, seengeschmückter Hochkare. Eine besondere Erwähnung wert ist der Untere Gerlossee im Nahbereich der Zittauer Hütte, mit der wir unseren letzten Stützpunkt erreicht haben. Anderntags begeben wir uns zunächst ins Wildgerlostal hinab, bei der Drisslalm nochmals bergauf, um über den Leitenkammersteig in beschaulicher Weise ins Gerlosgebiet hinauszubummeln. Ihr Ende findet diese außergewöhnliche Tour schließlich in Krimml, dem Ort der weltberühmten Wasserfälle, ganz zuhinterst im Oberpinzgau gelegen. Wer diese Durchquerung unternommen hat, wird sie ohne Zweifel in die packendsten »Hautes Routes« überhaupt einreihen – da sage noch jemand, die Ostalpen hätten nicht genug Zünftiges zu bieten.

EIN STREIFZUG DURCH
WUNDERSAME KARSTWELTEN

Übers Plateau des Toten Gebirges

Das Tote Gebirge zählt zu den großen, verkarsteten Kalkstöcken der Ostalpen. Charakteristisch ist sowohl der Steilabfall an den Rändern als auch die ungeheure, fast einschüchternd wirkende Weitläufigkeit des Hochplateaus. Dabei trifft die Annahme einer kargen, vegetationsfeindlichen Mondlandschaft nur bedingt zu. Wer die ganze Vielfalt des Hochgebirgskarstes entdecken möchte, findet im Toten Gebirge ein wahres Musterbeispiel dieses Landschaftstyps. Allerdings müssen dafür lange, zuweilen beschwerliche Wege in Kauf genommen werden, was dem Gebiet wiederum in weiten Bereichen ungeahnte Ursprünglichkeit bewahrt hat.

Seite 56/57: Mit dem Blick über den Altausseer See zur Trisselwand beginnt unsere Tour durchs Tote Gebirge.

Rechts: Ein romantischer Sonnenuntergang verzaubert den Abend bei der Loserhütte. Wir sind gespannt auf die bevorstehenden Tage.

Rechte Seite: Vom Elm lassen sich weite Teile der Hochfläche überschauen. Hier spannt sich die zentrale Prielgruppe mit den höchsten Gipfeln des Massivs auf.

In der malerischen, seengeschmückten Landschaft des Salzkammerguts erhebt sich an der Grenze zwischen Oberösterreich und der Steiermark das Tote Gebirge. Mancher Tourismusmanager würde sich vermutlich gern einen anderen, weniger abschreckenden Namen dafür ausdenken, aber der bestehende gibt nun einmal jenen Eindruck wieder, den dieses mächtige, 400 Quadratkilometer umfassende Plateaugebirge bei den Menschen einst erweckt hat.
Auch Bergsteigerpioniere fanden unmissverständliche Worte: »An Unwirthlichkeit und Öde hat das Todte Gebirge keine Rivalen« (August Böhm, 1886); und noch plastischer beschreibt es Friedrich Simony: »Das ganze Terrain ringsum zeigt ein Aussehen, als hätte es durch Jahrhunderte lang ätzende Säuren auf das Gestein geregnet.« Es ist der Karst in all seinen Erscheinungsformen, der dieses Gebirgsmassiv prägt, und zwar je nach Höhenlage durchaus unterschiedlich. »Tot« präsentieren sich eigentlich nur die höchsten Zonen, namentlich im Bereich der Prielgruppe. Sonst zeigt die Landschaft häufig eine mal schüttere, mal dichtere Pflanzenbedeckung. Der Wildreichtum ist legendär, zählte das Tote Gebirge doch einst zu den bevorzugten Jagdgebieten der Habsburgermonarchie. Begegnungen mit Gämsen etwa gehören dabei auch heute noch zu den alltäglichen Erlebnissen.

Was macht nun das Phänomen Karst eigentlich aus? Grundsätzlich ist es der Umstand, dass Wasser nicht oberflächlich abfließt, sondern durch Klüfte und Schichtfugen rasch im Bergesinneren verschwindet. Im Toten Gebirge passiert dies so augenscheinlich, dass wir außer einigen kläglichen Rinnsalen kaum je auf fließendes Wasser treffen. Unterirdisch ist es freilich vorhanden, meist tritt es nach relativ kurzer Zeit in tiefer gelegenen Karstquellen wieder zu Tage. Entscheidend ist die Eigenschaft des Kalkgesteins, vom Wasser allmählich gelöst zu werden. Die oberirdischen Folgen dieser chemischen Verwitterung offenbaren sich in den typischen Landschaftsformen, angefangen bei kleinen Rillen im nackten Fels über Karrenfelder unterschiedlichster Ausprägung bis hin zu tiefen Schächten und Dolinen. Im Untergrund setzt das Wasser sein Werk fort, aus kleinen Spalten werden irgendwann größere Höhlen, nicht selten sogar ganze Höhlensysteme – geheimnisvolle Welten, die dem Wanderer freilich verborgen bleiben.

Auf Kaisers Spuren: Auftakt im Ausseer Land

Während das Blühen einer altehrwürdigen österreichischen Ferienregion – besonders rund um die kaiserliche Sommerresidenz Bad Ischl, im schmucken Ausseer Land, dem Stodertal oder den Skigebieten auf der Tauplitz- und Wurzeralm – zu einigen Erschließungen an den Rändern geführt hat, darf das Innere des Toten Gebirges ohne Übertreibung als eine der größten zusammenhängenden Naturlandschaften der Ostalpen bezeichnet werden. Nur eine längere Durchquerung kann uns deren ganze Faszination vermitteln. Wir beginnen sie im Westen, an den Gestaden des Altausseer Sees. Auf einer Mautstraße könnte man bequem zur Loserhütte hinauffahren, doch ist die allmähliche Einstimmung auf dem schattigen Waldweg sicher viel reizvoller. Während der große, dunkelblaue See unter uns bleibt, besticht im Hintergrund die imposante Trisselwand: reinste Postkartenidylle und ein Paradebild des steirischen Salzkammerguts! Die Loserhütte präsentiert sich in der Art eines komfortablen Berghotels, wobei der rege Ausflugsverkehr die ambitionierten Bergwanderer hier weitgehend schluckt. Ohne vorher auf den kecken Loser zu steigen, sollten wir jedoch die große Plateau-Überschreitung nicht beginnen. Zeitig in der Früh oder am späteren Abend, wenn diese viel gepriesene Ausseer Panoramaloge nicht von Massen bevölkert wird, sind die Stimmungen am schönsten.

Danach entschwinden wir auf dem Karl-Stöger-Weg über den Hochklapfsattel in die Abgeschiedenheit der Hochfläche. Wer bisher noch keine Erfahrung mit Karstgebirgen gemacht hat, wird in den folgenden Tagen viel dazulernen. Zum Beispiel, wie unübersichtlich das Gelände oft ist und dass man stets bedacht sein sollte, die Markierung nicht aus den Augen zu verlieren. Sie ist mehr als anderswo der Leitfaden und die beste Versicherung, sich in dem steinernen Labyrinth nicht zu verirren. Beim Betrachten der Höhenangaben auf der Karte wird unter Umständen der Eindruck eines besseren Spaziergangs erweckt, so gering fallen die einzelnen Höhendifferenzen aus. Aber auch hier wird man sich belehren lassen müssen, wie anstrengend und ermüdend das ständig wechselnde Auf und Ab im Karst sein kann. Dabei ist der Übergang zum Albert-Appel-Haus erst der vergleichsweise harmlose Anfang. Nachdem das

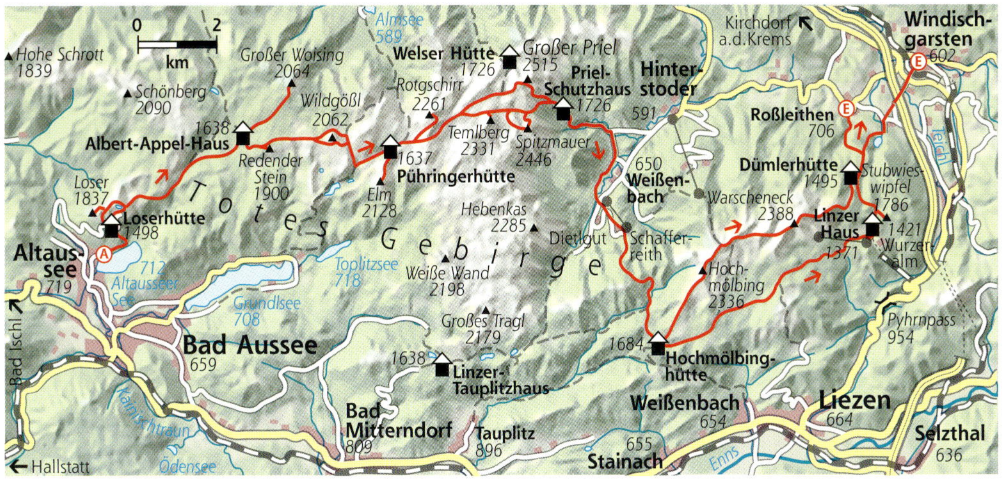

stattliche Almdorf auf den Augstwiesen passiert ist, finden wir uns bereits kurze Zeit später dort ein.

Ins Herz des Toten Gebirges

Am nächsten Tag stoßen wir weiter in den zentralen Bereich vor. Dabei sollte man einen geringen Mehraufwand nicht scheuen, um zwischendurch einmal einen erhöhten Standpunkt zu gewinnen. Auf dem Weg Richtung Pühringerhütte bieten sowohl der kleine Felskopf des Redenden Steins als auch das Wildgössl günstige Gelegenheiten. Was auf den direkten Hüttenverbindungen nämlich oftmals fehlt, macht hier den besonderen Reiz aus: der Blick über weite Bereiche der schaurig-schönen Hochfläche mit ihrem grau-grünen Mosaik aus nackten Karrenfeldern und Latschenzonen, einem beinahe endlosen Flickenteppich von Kuppen und Mulden. Die scheinbare Einförmigkeit dieses Geländes entpuppt sich für denjenigen, der mittendrin steckt, allerdings

als sehr kleinteilig gegliedert und im Detail ausgesprochen verwirrend. Aus diesem Grund ist die ausgedehnte Plateau-Überschreitung auch nur bei nebelfreiem Wetter zu empfehlen. Und sollte uns unterwegs doch einmal dichtes, graues Gewölk einholen, so ist peinlich genau auf die Wegbezeichnung zu achten. Die Gefahr des Verirrens ist das größte Schreckgespenst im Karst!

Über die Elmgrube gelangen wir zur Pühringerhütte, wahrhaft weltentrückt im Herzen des Hochplateaus gelegen. Das macht sie zu einem unverzichtbaren Stützpunkt für alle Unternehmungen im Umkreis. Die Lage in einer kleinen, oasengleichen Wanne nahe des Elmsees ist traumhaft, dazu die heimelige Atmosphäre einer Hütte alten Stils inmitten dieser geheimnisvollen Umgebung. Als Hausberg bietet der Elm einen recht kurzweiligen Aufstieg über Karren und magere Wiesen. Dabei sind nicht nur die Blicke über die Hochfläche von eindrücklicher Art, sondern auch jene in die Ferne – Richtung Niedere Tauern etwa oder übers Ausseer Land zum firnverbrämten Dachsteinstock. Ein wenig mehr Einsatz verlangt das dominant über der Pühringerhütte aufragende Rotgschirr, wenngleich sich ein erfahrener Bergwanderer auch hier kaum vor unlösbare Probleme gestellt sieht. Während des Aufstiegs spüren wir schon den allmählichen Wechsel vom zumindest teilweise vegetationsbedeckten, »grünen« zum absolut nackten, steinigen Karst. Vom Gipfel können wir dann wunderbar den Weiterweg über den höchsten Teil des Toten Gebirges einsehen.

Oben: Der Dachstein ist stets ein Glanzpunkt im Panorama zahlreicher Gipfel des Toten Gebirges.

Linke Seite, oben: Die Herbststimmung bei der holzverschindelten Jagdhütte in der Elmgrube entspricht dem typischen Landschaftsambiente.

Linke Seite, unten: Nackt und zerklüftet präsentiert sich das Terrain unweit des Temlbergsattels. Im Hintergrund überragt die Spitzmauer das Hochplateau.

Durch die Prielgruppe ins Stodertal

Via Rotkogelsattel und »s'Aufg'hackert« – welch trefflicher Name für die stark zerschrundeten Gesteinsformationen! – durchmessen wir dieses Gebiet und befinden uns alsbald tatsächlich in einer lebensfeindlichen Mondlandschaft, die je nach Lichtverhältnissen gleißend hell oder trist und bedrückend wirken kann. Was wenige hundert Höhenmeter mehr ausmachen können: Hier, auf gut 2000 Metern, sind die Bedingungen so unwirtlich, dass nur noch vereinzelt anspruchslose Pionierpflanzen gedeihen. Doch je spärlicher das Leben, desto intensiver nehmen wir es vielleicht wahr: leuchtende Punkte im öden Grau der Steinwüste.

Die Hauptroute führt nun über den Temlbergsattel in die urweltliche, mit chaotischem Blockschutt angefüllte Klinserschlucht und hinab zum Priel-Schutzhaus auf der Ostseite des Massivs. Doch bevor wir allzu zielstrebig weiterwandern, sollten wir vielleicht ein Auge auf die überaus lohnenden Gipfel links und rechts werfen: Zunächst sind

Links: Ein wahres Kleinod: Der Elmsee mit dem Rotgschirr und der Pühringerhütte.

es Schermberg und Temlberg, eine Reihe dahinter dann der Große Priel sowie die Spitzmauer. In einem Zug sind sie kaum zu besteigen, da heißt es entweder einen persönlichen Favoriten auszumachen oder besser noch einen Extra-Gipfeltag anzuhängen. So könnte man sich von der Pühringerhütte kommend zunächst via Fleischbanksattel dem Großen Priel (mit 2515 Metern der Hauptgipfel des ganzen Gebirges) zuwenden und dabei je nach Lust und Laune noch den Schermberg mitnehmen. Über die Brotfallscharte gelangt man auf direktem Wege hinab zum Priel-Schutzhaus, von wo man tags darauf in Richtung Spitzmauer aufbricht. Geübte und absolut schwindelfreie Berggeher können hier den ausgesetzten Stodertaler Klettersteig mit dem Normalweg über den Maisenbergsattel ideal verbinden. Und wer anschließend noch nicht genug hat, stattet auch dem markanten Temlberg noch einen Besuch ab. Ein sattes Gipfelprogramm also, das uns den eindrucksvollsten Bereich des Toten Gebirges auf großartige Weise erschließt. Über die famose Fernsicht von all diesen Spitzen braucht man darüber hinaus wohl keine großen Worte verlieren.

Zugabe in der Warscheneckgruppe

Mit dem Abstieg durch die Polsterlucke nach Hinterstoder wäre der Kernbereich unserer Durchquerung eigentlich abgeschlossen. Doch erhebt sich weiter östlich ja noch die Warscheneckgruppe, die ebenfalls zum Toten Gebirge gehört. Ein Verzicht darauf würde das Bild dieses Gebirges nur unvollständig zeichnen. Um Anschluss zu erhalten, ist es jedoch unumgänglich, vorübergehend ins hinterste Stodertal abzusteigen. Andererseits tut es nach Tagen strenger, einsamer Gebirgseinöde durchaus mal wieder gut, saftiggrüne Talwiesen mit weidenden Kühen zu sehen. Noch vor dem Schiderweiher (der mit der markanten Spitzmauer im Hintergrund ein bekanntes Kalendermotiv abgibt) halten wir uns rechts und wandern entlang der jungen, ganz in der Nähe entspringenden Steyr in den Talschluss hinein.

Während die Hauptroute weiter über das Salzsteigjoch – einst ein viel begangener Transportweg – führt, zweigen wir hinter dem Dietlgut links ab und erreichen die Hochmölbinghütte in einem langwierigen Marsch durch vielgestaltige Wald- und Almgebiete. Besonders der Anstieg zur Türkenkarscharte hat es mit über 1000 Höhenmetern am Stück in sich, wird uns jedoch durch die Rückblicke auf die schönste Skyline des Toten Gebirges optisch versüßt.

Zwei in ihrem Charakter recht unterschiedliche Routen stehen uns für den letzten großen Übergang zur Auswahl. Besonders attraktiv erscheint die ausschweifende Kammüberschreitung der ganzen Warscheneckgruppe. Der Reigen beginnt mit dem Aufstieg zum Hochmölbing, setzt sich über den Schrocken in die Elmscharte und unter Umgehung des Torsteins in den wilden Zwischenwänden-Einschnitt fort, ehe schließlich zum Warscheneck selbst angestiegen wird. Von dessen geräumigem Gipfeldach geht es am Ende mit Blick in den Windischgarstener Talkessel zur Dümlerhütte hinab. Wer auf dieser Etappe klares Wetter erwischt, wird mit einer Panoramawanderung sondergleichen belohnt, wobei vor allem das gezackte Profil der Gesäuseberge gut zur Geltung kommt.

Die Alternativroute unterscheidet sich davon ganz erheblich, denn sie verbleibt durchwegs auf der Südseite des Kammzuges und führt wiederum durch verkarstete Plateauflächen. Naturgemäß ist die Aussicht hier ziemlich eingeschränkt; die Reize sind weniger offenkundig und liegen in den Nahimpressionen verborgen. Verschlungene, mitunter regelrecht verwachsene Pfade leiten durch lichten Wald und über teilweise aufgelassene Almrodungen. Besonders im Herbst, wenn die flirrende Hitze gewichen ist und die zahllosen Lärchen die ganze Umgebung vergolden, ist diese Wanderung von bezaubernder Schönheit. Wir durchmessen dabei die gesamte Südflanke des Warscheneckstocks bis hinüber zur skitouristisch erschlossenen Wurzeralm, wo wir Zwischenstation machen und auch nächtigen können. Der Weg über den so genannten Hals bringt uns nachfolgend ebenfalls zur Dümlerhütte und gerät mit dem Abstieg Richtung Roßleithen beziehungsweise Windischgarten zum sanften Ausklang einer Durchquerung, welche uns die Faszination des Hochgebirgskarstes in einzigartiger Weise nahe gebracht hat.

Oben: Die Bärenalm vor der Prielgruppe, die den Talschluss von Hinterstoder bildet.

Linke Seite, oben: Die Spitzmauer gilt als formschönster Gipfel im Toten Gebirge.

Linke Seite, unten: Die Warscheneckgruppe lädt zu einer großartigen Kammüberschreitung ein. Im Bild dominiert der Hochmölbing im Rückblick vom Schrocken.

IM SLOWENISCHEN
TRIGLAV-NATIONALPARK

Durch die geheimnisvollen Julier

Ganz im Südosten des weiten Alpenbogens, schon in Sichtweite der Adriaküste, erheben sich die Julischen Alpen. Mit ihren enormen Höhenunterschieden zwischen den tief eingeschnittenen Tälern und den mächtigen Kalkbastionen rund um »König Triglav« sind sie ein ausgesprochen wildes Gebirge. Fast der gesamte slowenische Anteil ist in einem Nationalpark unter Schutz gestellt. Viele Hütten und ein dichtes Wegenetz laden zu ausgedehnten Streifzügen in bezaubernd ursprünglicher Natur ein. Die sprichwörtliche Begeisterung der Slowenen für ihre Berge könnte mit dem kürzlichen Beitritt des Landes zur Europäischen Union durchaus weitere Kreise ziehen.

Seite 64/65: Mächtige Felsgipfel bestimmen das Bild der Julischen Alpen. Hier der Stenar im Morgenlicht.

Manch einem von uns stünde es gewiss nicht fern, einen Berg als nationales Symbol zu küren. Wie wäre es, liebe Österreicher, mit dem Großglockner, mit dem Mont Blanc für die Franzosen und für die Deutschen die Zugspitze oder vielleicht lieber den Watzmann? In Slowenien, dem jungen Staat am Südostrand der Alpen, gibt es das. Der Triglav ziert sogar die Nationalflagge, und es heißt, jeder echte Slowene müsse wenigstens einmal im Leben dort hinauf»pilgern«. Auch wenn der dadurch entfachte Massenansturm nicht jedermanns Sache sein dürfte, die Mentalität der Slowenen, ihren Patriotismus und Heimatstolz in Form einer Bergbegeisterung zum Ausdruck zu bringen, ist bestimmt nicht unsympathisch. Wenn ein Gebirge ein ganzes Volk in Bannschlägt, muss doch etwas dran sein …

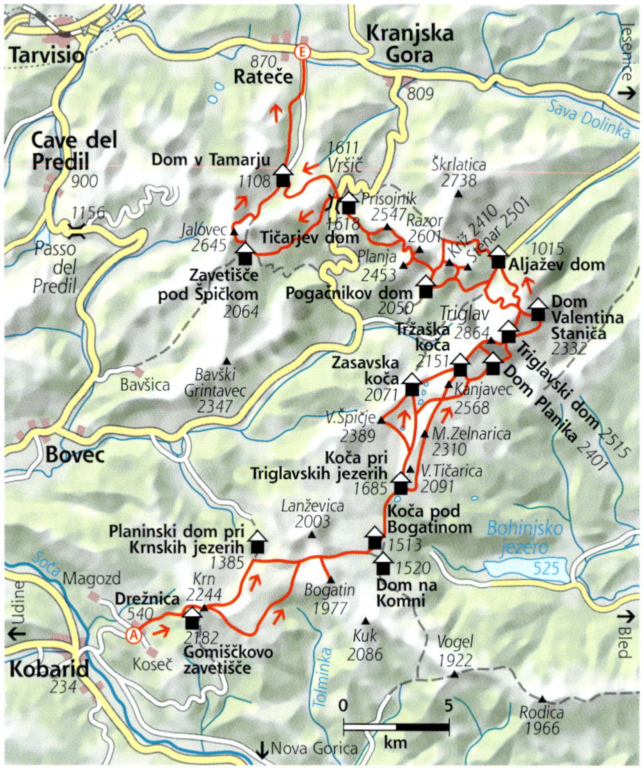

Am ehesten ließe sich die archetypische Kalklandschaft der Julier meiner Meinung nach mit den Berchtesgadener Alpen vergleichen. Nicht nur, dass sich die Gipfelhöhen ähneln, charakteristisch sind vor allem die schroffen Felswände sowie ausgedehnte Karstbildungen. Die Kulissen nehmen sich zum Teil sehr spektakulär aus, immer wieder besticht das Monumentale. Wenn wir in diese steinerne Welt eintauchen, profitieren wir von den zahlreichen Stützpunkten des Slowenischen Bergsteigerverbandes PZS und dem weit verzweigten Wegenetz, das selbst die höchsten Spitzen überspannt. Häufig öffnen sich in der brachialen Urgewalt der Felsen unvermutete Durchschlüpfe. Aufgrund des nicht selten recht ausgesetzten Geländes sind gesicherte Steige besonders verbreitet, sodass wir das Gebiet ganz nach persönlichem Gusto auf einer mehr oder weniger anspruchsvollen Linie durchqueren können.

Rechte Seite, oben: Beim Aufstieg zum Krn schweift der Rückblick über das Sočatal, wo wir wenige Stunden zuvor im malerisch gelegenen Ort Drežnica gestartet sind.

Rechte Seite, unten: Unterhalb des ausladenden Kanjavec hat die Triester Hütte (auch Dolič-Hütte genannt) ihren Platz.

Über den Krn in die Komna

Im nördlichen und zentralen Teil zeigen sich die Julischen Alpen von ihrer schroffen Seite, während sie nach Süden hin im Allgemeinen sanfter abdachen. Aus diesem Grund entscheiden wir uns für eine Durchquerung von Süd nach Nord, beginnend im malerischen Tal der Soča. In Kobarid beziehungsweise dem oberhalb gelegenen Dorf Drežnica geht's los, vor uns die mächtige Bastion des Krn. Eine unrühmliche Hauptrolle spielte dieser Berg im Ersten Weltkrieg, als strategisch wichtiger Punkt an der Isonzofront. Noch immer trifft man in der Umgebung auf Relikte aus dieser Zeit. Glücklicherweise können sich heute Bergfreunde aller Länder ein freundliches »Dober dan« zurufen. An einer anderen, viel längeren Geschichte wird aber nach wie vor weitergeschrieben: Erst im Sommer 2004 bebte wieder einmal die Erde. Am Krn löste dies einen Bergsturz aus, wodurch ein Mensch ums Leben kam. Etwas mulmig war mir daher zumute, als ich über die großen Trümmer am Ausgang der Westschlucht Richtung Klettersteig schritt, die frischen, unvernarbten Felsausbrüche hoch oben in der Wand im Blick: Erdgeschichte hautnah!

Wenngleich der Klettersteig den spannendsten Zugang zum Krn verspricht, gibt es für alle, die reichlich Luft unter den Sohlen weniger schätzen, eine leichtere Alternative. 1700 Aufstiegsmeter ab Drežnica bleiben es aber in jedem Fall – gewiss ein sattes Pensum für die Auftaktetappe. Dafür darf man bei etwas Wetterglück auf unvergleichliche Gratisvorstellungen der Natur hoffen, die sich ja meist zu ganz bestimmten Tageszeiten abspielen: Durch die Gipfelhütte am Krn, nur ein paar Minuten unterhalb des höchsten Punktes gelegen, lassen sich Sonnenauf- und -untergang gleichsam »live und in Farbe« erleben. Im Süden grüßt hinter letzten Vorgebirgsmugeln die Adria, zeigt uns unmissverständlich das südöstliche Ende der geliebten Alpen an, während wir gen Norden mitten hineinschauen in eine geballte Hochgebirgspracht. Solch ein Auftakt ist ein Auftakt nach Maß!

Am zweiten Tag begeben wir uns nach etwaiger Überschreitung der Batognica und einem Zwischenabstieg zum malerischen Krn-See auf das weitläufige Hochplateau der Komna. Sie ist als Reich des legendären Zlatorog, einem

unsterblichen, weißen Gamsbock, berühmt geworden. Mit seinen goldenen Krickeln besitzt dieser den Schlüssel zu einem unermesslichen Schatz, der im Innern des Bogatin verborgen liegen soll.

Die Sagengestalt Zlatorogs ist auch heute noch sehr lebendig, und sei es für manch einen nur in Form einer (sehr schmackhaften) Biersorte. Nach einem Abstecher zum geheimnisumwitterten Bogatin durchmessen wir die Komna auf verschlungenen Pfaden über die Bogatin-Hütte zur Sieben-Seen-Hütte. Trotz der weitgehenden Vegetationsbedeckung und einer Reihe inzwischen meist aufgelassener Almrodungen trägt die Umgebung einen strengen, herben, ja fast schwermütigen Charakter. Das zerfurchte Gelände mutet – wie so oft in Karstlandschaften – wie ein Labyrinth an: viele Detailformen, aber kaum etwas Prägnantes, an dem man sich orientieren könnte. »Es ist ein Land, das nicht lächeln kann, so tiefernst haben die schaffenden Naturkräfte sein Antlitz gebildet, seine Züge gegraben und seine Farben gewählt.« Treffender als Julius Kugy, der große

Erschließer der Julischen Alpen, könnte man die Komna kaum beschreiben.

Vom Sieben-Seen-Tal zum Kanjavec

Als Glanzpunkt der Julier gilt das Sieben-Seen-Tal, ein bereits 1924 unter Naturschutz gestelltes Gebiet, das später den Kern des Nationalparks Triglav bilden sollte. Eine solche »Seentreppe«, wie man sie hier antrifft, ist für ein oberflächenwasserarmes Karstgebirge schon etwas Außergewöhnliches. Geologisch betrachtet gründet sich dieses Wunder auf eine wasserundurchlässige Mergelschicht in dem ansonsten zerklüfteten, porösen Kalkgestein. Eine herrliche Wanderung führt durch das Tal der Sieben Seen hinauf zur Prehodavci-Hütte, dem nächsten Stützpunkt an unserer Route. Als Alternativen stehen allerdings auch die

Oben: Bedrohlich wirkt die abendliche Wolkenstimmung am Krn.

Rechte Seite, links: Nahimpression aus der Komna.

Rechte Seite, rechts: Unterhalb des Hinteren Fensters erwartet uns die Schlüsselpassage des Jubiläumsweges. Die Hintergrundkulisse bildet der Razor.

Links: Die Sieben-Seen-Hütte liegt im Herzen des Triglav-Nationalparks.

Rechts: In der strengen Öde wasserarmer Kalkgebirge geht von Seen ein unwiderstehlicher Reiz aus. Nicht umsonst zählt das Sieben-Seen-Tal (im Bild der Rjavo jezero) zu den beliebtesten Arealen der Julier.

beiden begrenzenden Kämme zur Verfügung, deren Überschreitungen für den Trittsicheren vielleicht noch interessanter sind. Zur Linken ist es der Gipfelzug der Lepe Špičje (Schöne Spitzen), der atemberaubende Blicke über die Trenta gewährt, zur Rechten der mehr ins Gebirgsinnere orientierte Kamm der Zelnarice.

Wer Letzteren ins Auge fasst, kann ohne Umschweife gleich weiter in den öden Kessel namens Hribarice vordringen, wuchtig überragt vom Kanjavec. Die ganze Gegend besteht aus Fels und nichts als zerschrundetem Fels – bei Sonnenschein so gleißend hell, dass man sich auf einem versteinerten Gletscher wähnt. Via Hribarice-Sattel oder besser noch über den Kanjavec selbst (der übrigens eine exzellente Aussicht bietet) steuern wir die Triester Hütte am Dolič-Pass an. Doch die Aufzählung der Möglichkeiten wäre nicht komplett, ohne den kühnen Steig quer durch den Nordwestabbruch des Kanjavec zu erwähnen, seinerseits die kürzeste Verbindung zwischen Prehodavci- und Triester Hütte. Die Respekt einflößenden Felsszenerien und haltlosen Tiefblicke in die Zadnjica sind allerdings nichts für ängstliche Gemüter.

Zur Audienz bei »König Triglav«

Dass es diese Berge oftmals ganz schön in sich haben, merkt man auch rund um den Triglav, den »Götterthron« der Julischen Alpen (der Name soll sich aus der altslawischen Mythologie als Herrscher über Luft, Wasser und Erde ableiten). Nun, ob der Triglav Sitz einer Gottheit ist, scheint fraglich – es sei denn, diese hätte gern Menschen um sich herum. Denn in aller Regel ist der Berg bevölkert wie ein Ameisenhaufen. Schließlich handelt es sich – zumindest für

einen Slowenen – um mehr als nur ein Tourenziel. Die Besteigung des Triglav ist eine Herzensangelegenheit, ein Ausdruck von Heimatverbundenheit und Ehrerbietung dem eigenen Land gegenüber. Die Routen am Berg sind Legion. Dabei kommen die reizvollsten Aufstiege von Norden, aus der Vrata, die leichteren hingegen von der Südseite. Spätestens ab der Triglavska škrbina (Triglav-Scharte) oder am Ostgrat über den Mali Triglav wird's eng, kleinere oder größere Staus sind vorprogrammiert. Denn nicht jeder, der an Eisenteile sich klammernd über den exponierten Fels dahinschleicht, ist zum Gipfelstürmer geboren. Wer das Glück eines klaren Tages erwischt, sollte sich aber weniger an dem Massenauftrieb stören als vielmehr an der sensationellen Aussicht seine Freude haben. Das Triglav-Panorama ist nämlich schlichtweg gigantisch! Vom Meer bis zum Alpenhauptkamm ist alles dabei.

Nach einer Überschreitung des Gipfelaufbaus gelangen wir zum stattlichen Triglav-Haus auf der Kredarica. Anschließend geht es über eine der Nordrouten weiter hinab in die abgrundtief eingekerbte Vrata, wofür meistens der Prag-Weg gewählt wird. Mit der tschechischen Hauptstadt hat dieser freilich nichts zu tun, vielmehr mit einer Karschwelle (Prag), die an einigen Sicherungen überwunden werden muss. Noch ein wenig ausgesetzter und mit mehr Eisen bestückt leitet weiter östlich der Tominšek-Weg abwärts, landschaftlich vielleicht auch noch eine Spur packender. Jedenfalls darf nicht verschwiegen werden, dass Gelegenheitswanderer auf diesen klettersteigartigen Routen schnell überfordert sind. Die großräumige Umgehung des Triglav-Massivs über den markanten Einschnitt der Luknja eröffnet jedoch auch eine unschwierige Ausweichmöglichkeit.

Zwischen Vrata und Vršič

Bis zum Aljaž-Haus haben wir kräftig an Höhe verloren, vom Triglav gerechnet nicht weniger als 1849 Meter! Doch das Gebirge haben wir damit keinesfalls verlassen, im Gegenteil: Einen wilderen Talschluss als jenen der Vrata kann man sich kaum vorstellen, wobei die Nordwand des Triglav mit ihrer unglaublichen Masse fast alles erdrückt. Die Szenerie wirkt stets düster und ernst, denn auch auf der anderen Seite geht es gleich wieder steil bergauf. Nächstes Etappenziel ist das Pogačnik-Haus, das sich wiederum auf verschiedenen Routen erreichen lässt. Die meisten bevorzugen den Aufstieg durch die Sovatna mit seinen instruktiven Rückblicken in die Triglav-Nordwand; seltener wird hingegen jener über das Biwak IV zur Bovška vratica gewählt. Dem Križ, Stenar und Bovški Gamsovec kann der Unternehmungslustige zusätzlich aufs Haupt steigen, ehe man das am Rande der Kriški podi gelegene Pogačnik-Haus erreicht. Auf drei Seiten von jähen Gipfeln eingefasst, besitzt es einen echten Logenplatz hoch über der engen Trenta, der man von hier genau in die Talachse blickt.

Aus dem Gipfelkranz ringsum ragt der Razor heraus, der – genau wie die benachbarte Planja – beim folgenden Übergang ohne allzu großen Aufwand mitgenommen werden kann. Wie schon um Luknja und Hribarice entdeckt man in diesem Bereich oft Steinböcke. Die Etappe vom Pogačnik-Haus zum Vršič-Pass ist zweifelsohne eine der beeindruckendsten, speziell wenn man sie zu einer großen Prisojnik-Überschreitung ausbaut. Auf dieser als Jubiläumsweg bezeichneten Route kommt sogar ein wenig »Brenta-Feeling« auf, so exponiert leiten die Felsbänder über den jähen Abgründen der Krnica entlang. Abgesehen davon bilden zwei gewaltige Felsdurchbrüche die beiden »Fenster«, die größte Attraktion am Prisojnik. Das hintere Fenster durchschreiten wir direkt am Jubiläumsweg, das noch etwas größere vordere tangieren wir auf unserer Abstiegsroute über den Westgrat. Wer dem Prisojnik auf dem südseitigen Höhenweg ausweicht, ahnt nichts von diesen Sensationen, wobei aber konstatiert werden muss, dass die urwüchsige Landschaft im Bereich der Baumgrenze ebenfalls nicht ohne Reiz ist.

Finale im Banne des Jalovec

Von den Hütten am stark frequentierten Straßenpass des Vršič können wir nach Belieben relativ schnell in die Planica wechseln, wo unsere Tour durch die Julischen Alpen ausklingen soll. Enthusiastische Ferratisten werden vielleicht noch den rassigen Klettersteig auf die Mala Mojstrovka ins Visier nehmen, Landschaftsgenießer hingegen keinesfalls die Slemenova špica verpassen, ein vordergründig unscheinbares Fleckchen, das jedoch zweifelsohne zu den bezauberndsten der gesamten Julier zählt. Die malerische Umgebung mit den knorrigen Lärchen und den Blick in den Talschluss der Planica zum formvollendeten Jalovec muss man einfach erlebt haben.

Doch diesen Jalovec lediglich aus einer gewissen Distanz zu bewundern, wird einen passionierten Bergsteiger in Gewissenskonflikte bringen. Zu stark ist die Anziehungskraft, als dass man sich ihr entziehen könnte, ohne selbst Hand an den Jalovec angelegt zu haben. Wie schon vorher bei Krn, Kanjavec, Triglav und Prisojnik bietet sich auch hier eine Überschreitung an. Dazu folgen wir vom Vršič dem Transversalweg zur »Hütte unterm Spitzchen« (Špičkom) und genießen gute drei Stunden lang ein unbeschwertes Aussichtsvergnügen über die Bergwelt der hinteren Trenta. Richtig abwechslungsreich und vor allem zünftig wird es dann in den Felsen, zuerst am Vorgipfel des Veliki Ozebnik, der knapp umgangen wird, später am Südgrat des Jalovec selbst. Mindestens genauso rassig präsentiert sich die Abstiegsroute über den Nordwestgrat zum Kotovo sedlo – Steilgelände für den Versierten – und weiter zum tief gelegenen Tamar-Haus in der Planica, durch die wir anderntags gemütlich nach Rateče hinausbummeln. Ein Abschluss am schönsten Berg der Julier – wenn das kein krönendes Finale in diesem bemerkenswerten Stück Alpen ist, das sich fraglos mit jedem anderen Kalkgebirge messen kann.

Der formvollendete Jalovec gilt allgemein als schönster Gipfel der Julischen Alpen.

Linke Seite: Im Angesicht des Bavški Grintavec beim Übergang vom Vršič zur Špičkom-Hütte.

Im Bereich der Slemenova špica umgibt uns der malerische Zauber der Julier.

VOM PRAGSER WILDSEE NACH BELLUNO

Der Dolomiten-Höhenweg Nummer 1

Rund 40 Jahre ist es her, dass die Schaffung des ersten Dolomiten-Höhenweges, kurz der »Einser« genannt, einen regelrechten Boom auslöste. Zigtausende haben seither auf diesem Weg ihre Liebe zu den Dolomiten entdeckt oder sich ganz allgemein fürs Weitwandern begeistert. Kein Wunder bei der immensen landschaftlichen Vielfalt, die sich zwischen dem Pragser Wildsee und der Schiara-Bastion vor den Toren Bellunos offenbart: ob mystisch verklärte Fanesberge, Ampezzaner Felsriesen oder stille, verborgene Winkel zwischen dem Zoldano und Agordino. Ein Weg in den Süden, der, so häufig er auch begangen wird, niemals von seiner Faszination verliert.

Seite 72/73: Unterhalb der Cima della Busazza lädt das Rifugio Vazzoler zur Einkehr.

Eine Brücke zu schlagen von den viel beachteten nördlichen und zentralen Dolomiten bis zum touristisch vernachlässigten Südteil, das war eines der vorrangigen Ziele des »Höhenwege-Erfinders« Piero Rossi aus Belluno. Die Idee dazu entstand Mitte der Sechzigerjahre, und sie stieß auf Anhieb auf großes Interesse. Eine deutsch-italienische Kooperation machte sich alsbald an die Umsetzung. Nun kam es darauf an, eine logische, praxisgerechte Routenführung zu entwerfen. Neben einer lückenlosen Folge von Wegen, die von besonderer landschaftlicher Schönheit gekennzeichnet sind und ohne spezielle bergsteigerische Fähigkeiten begangen werden können, musste auch eine Infrastruktur in Form von Bergunterkünften bereitstehen. Das Resultat war eine durchgehende Wanderroute vom Pragser Wildsee in Südtirol bis zum Saum der Alpen bei Belluno: Der Urvater aller Dolomiten-Höhenwege war geboren.

Damit eröffnete sich eine Chance, die im Dornröschenschlaf befindlichen südlichen Dolomiten wachzuküssen und einem breiteren Publikum bekannt zu machen. Zwar besteht ein touristisches Nord-Süd-Gefälle größtenteils auch heute noch, aber ohne die Weitwanderer wären die Berggebiete jenseits der Civetta wohl generell ein kaum beachtetes Niemandsland geblieben. Dabei sind gerade hier die Dolomiten noch in ihrer ursprünglichen, wilden Form anzutreffen – weitestgehend verschont von den Auswüchsen einer unkontrollierbaren Erschließungsmentalität. Für uns eine Einladung, der wir nur allzu gerne Folge leisten.

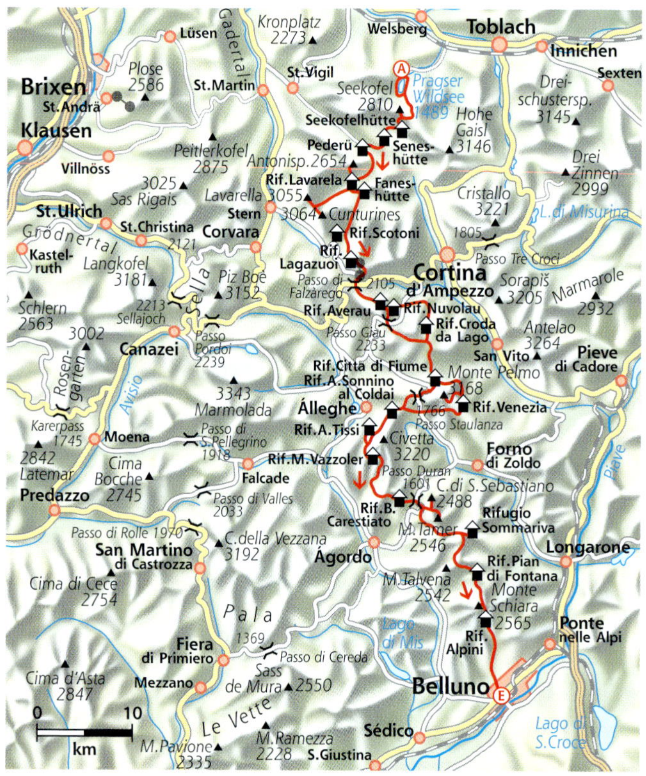

Zu den Hochplateaus Sennes und Fanes

Der »Einser« verbleibt auf seiner ganzen Länge in den östlichen Dolomiten, also östlich einer Linie Gadertal–Cordevole. Sein Ausgangspunkt liegt am sagenumwobenen Pragser Wildsee, zu Füßen der mächtigen Seekofel-Nordwand. See und Berg vermitteln eines der berühmtesten und prachtvollsten Dolomiten-Motive, dessen verwunschene Stimmungen allerdings rasch nachlassen, wenn im Laufe der Vormittagsstunden die ersten Busladungen darauf losgelassen werden. Dann sollten wir bereits hinauf zur Seekofelhütte unterwegs sein. Das dunkle Auge des Sees bleibt unter uns, während wir den Hochflächen der Pragser Dolomiten entgegenstreben. An der Forcella Sora Forno erhaschen wir den ersten ausschweifenden Blick südwärts über diese zauberhaften, weiten Landschaften der oberen Etage. Vollends ergriffen ist man, wenn man zu später Stunde oder ganz zeitig am nächsten Morgen auf dem Gipfel des Seekofel steht – der erste obligatorische Abstecher, den wohl kaum jemand verpassen wird.

Der Weiterweg über die sanft gewellten Böden der Sennes-Alm nimmt sich außerordentlich beschaulich aus. Wer in den Dolomiten vorwiegend einschüchternde Felskulissen vermutet, sollte einmal hierher kommen. Die Landschaft strahlt getragene Ruhe aus. Einen ähnlichen Charakter zeigt auch das benachbarte Fanesgebiet, allerdings mit dem Unterschied, dass es insgesamt wesentlich ernster wirkt. Anheimelndes Grün existiert hier meist nur noch in Form kleiner »Oasen«, etwa im Bereich der Kleinfanes-Alm, wo sich auch die beiden Schutzhütten (Fanes- sowie Lavarellahütte) befinden. Ansonsten tun sich weitläufig gestufte, steinerne Hochflächen auf, die auf den Betrachter eine geheimnisvolle, unergründliche Magie ausüben. So wundert es nicht, dass diese herbe Landschaft schon zu früheren Zeiten die Fantasie der Menschen anregte, was sich beispielsweise in der Sage vom verlorenen Reich der Fanes manifestiert. Das einst fruchtbare und blühende Land soll durch Übermut und Frevelei schließlich untergegangen sein, so beschreibt es die Legende. Die Kombination aus Mystik und realer Landschaft macht gewiss den eigenwilligen Reiz der Fanesberge aus. Wer rein optisch ein paar dieser Geheimnisse lüften will, sollte sich auf den einen oder anderen Gipfel ringsum begeben:

Rechte Seite, links: Stützpunkt in den Pragser Dolomiten: die Seekofelhütte.

Rechte Seite, rechts: Am Ufer des Pragser Wildsees nimmt der Dolomiten-Höhenweg Nummer 1 seinen Ausgang. Erster Blickfang ist die Nordwand des Seekofels.

Antoni- und Pareispitze, Heiligkreuzkofel und Zehner, Lavarella und Cunturines … – ein aufgeschlossener Wanderer kann diesen Zielen tagelang nachspüren, offenbart doch jeder Berg seinen ganz eigenen Blickwinkel (eine ausführliche Beschreibung findet sich in meinem Buch »Die schönsten Bergwanderungen in Südtirol«).

Via Lagazuoi und Nuvolau

Nachdem wir uns im Fanesgebiet mehr oder weniger intensiv ausgetobt haben, ziehen wir auf unserem Höhenweg weiter südwärts. Prinzipiell gibt es dafür verschiedene Möglichkeiten, etwa die ganz im Zeichen der mächtigen Tofane stehende Route über den Monte Cavallo und das Val Travenanzes. Doch wollen wir uns hier am Originalweg orientieren. Wir passieren die Großfanes-Alm sowie das Tadegajoch und wechseln über die enge Forcella del Lago Richtung Lagazuoi. Zur Linken verströmt der Faniskamm einen Eindruck von ganz und gar dolomitischem Gepräge. Schroffe Felswände streben unvermittelt aus ihren eigenen Schuttreisen empor – ja, solche Bilder erwartet man in den »Bleichen Bergen«.

Unübersehbar sind freilich auch die Relikte des Ersten Weltkriegs. Exakt über diese Berge verlief zwischen 1915 und 1917 die Dolomitenfront, lagen sich österreichische Kaiserschützen und italienische Alpini in einem erbitterten Stellungskrieg gegenüber. Am Kleinen Lagazuoi, heute Seilbahnstation und eine der bekanntesten Aussichtslogen, haben die Soldaten im Innern ein Stollensystem ausgesprengt, das später teilweise für das allgemeine Publikum zugänglich gemacht wurde. Um hinab zum Falzaregopass zu gelangen, wäre die »Galleria Lagazuoi« durchaus ein attraktives Schmankerl, andererseits womöglich nicht nur

vor dem geschichtlichen Hintergrund auch ein beklemmendes Erlebnis: Wem die klaustrophobische Enge des Stollens nicht behagt oder wer einen zu hoch gebauten Rucksack, aber keine Lampe dabei hat, geht besser außen herum über die Forcella Lagazuoi.

Der dolomitische Formenreichtum bleibt ihnen voll erhalten, allerdings können Averau und Nuvolau, erst recht der bizarre Felsengarten der Cinque Torri, im Konzert der Großen nicht mitspielen. Die monumentale Felsarchitektur, die das Ampezzano ansonsten auszeichnet, ist zwischen Falzarego- und Giaupass quasi als Miniaturausgabe anzutreffen. Doch gerade dieser Umstand gestaltet die Szenerie besonders wirkungsvoll: Die ganze Umgebung mit Tofane, Cristallo, Sorapiss, Antelao, Pelmo und Civetta, aber auch Richtung Pala, Marmolada und Sella ist wie in einer gewaltigen Arena einfach prächtig aufgeschlossen. Der Standort der Hütte auf dem Gipfel des Nuvolau scheint bestens gewählt. Bleibt nur zu hoffen, dass abends die Bühne freigegeben wird für eines der größten Schauspiele: Enrosadüra – das Alpenglühen in den Dolomiten!

Während die einen die Überschreitung des Nuvolau auf einer leicht kitzligen Klettersteigpassage vorziehen, vom Passo di Giau das schlanke Felshorn der Gusela bewundern und schließlich unter den Wänden des Formin über herrliche Wiesenböden der Forcella Ambrizzola entgegenwandern, wählen die anderen die offizielle, aber weniger logi-

Das malerische Idyll von Kleinfanes mit der Eisengabelspitze im Hintergrund.

sche Route über die Brücke von Rucurto und das Rifugio Palmieri. Dort kommt man sowohl am alpinen Klettergarten der Cinque Torri, den ulkigen Bauklötzchen eines Riesen, als auch am malerischen Federasee unterhalb der vielgezackten Croda del Lago vorbei. In jedem Fall treffen beide Varianten an der Forcella Ambrizzola, unmittelbar neben dem eleganten Cortineser Mittagszeiger Becco di Mezzodi, wieder zusammen.

In einer kulissenartigen Anordnung staffeln sich die Bergketten der Zoldaner Dolomiten.

Rund um den Monte Pelmo

Nächstes Etappenziel ist das Rifugio Citta di Fiume im Angesicht der Pelmo-Nordwand. Schon von Weitem hat dieser Koloss – hinsichtlich Form, Größe und seiner absolut freistehenden Position einer der auffälligsten Berge der Dolomiten – immer wieder die Blicke auf sich gezogen. Jetzt ist es soweit, jetzt gehen wir mit ihm auf Tuchfühlung! In etwas einfallsloser Manier tangiert die offizielle Route das Massiv lediglich und entschwindet über den Passo Staulanza rasch ins Reich der Civetta. Das kann uns nicht genug sein! Wir sollten es nicht versäumen, den Monte Pelmo schön umständlich zu umrunden und – bei entsprechender Bergerfahrung und stabilem Wetter – vielleicht sogar seinen Gipfel zu erklimmen. Das ist zwar schon eine ernsthafte Bergtour, doch klettertechnisch beileibe kein schwieriges Unterfangen.

Nachdem wir vom Rifugio Citta di Fiume über die mühsame Forcella d'Arcia zum Rifugio Venezia gewechselt sind, kann früh am nächsten Morgen der Einstieg erfolgen. Schon bald gelangen wir auf das berüchtigte Ball-Band, benannt nach dem irischen Alpenpionier John Ball, dem 1857 die Erstbesteigung gelang. Es ist bereits die Schlüsselpassage des gesamten Aufstiegs. Kaum, dass sich hier tatsächliche Hürden in den Weg stellen würden, doch kann einem bei der enormen Ausgesetztheit leicht das Herz in die Hose rutschen. Im anschließenden Hochkar, einem wahren Kessel zwischen den hohen Flügeln der Ost- und Südschulter, wird es dann beschwerlich, insbesondere wenn die Sonne kräftig einheizt, ehe zuletzt noch ein paar leichte Felsen warten. »Herrscher über dem Hochzoldano« – am Pelmo hat man tatsächlich das Gefühl, einen Thron zu besteigen. Seine Umrundung vollziehen wir nachfolgend mit der Traverse am südlichen Sockel, die massigen Felsen nochmals direkt über uns, gegenüber aber auch schon die ausladende Civetta im Visier. Ein Zwischenabstieg nach Pala Favera ist leider kaum vermeidlich, doch schon am Rifugio Coldai haben uns die aussichtsreichen Höhen wieder.

Über dem Passo di Giau zeigt sich die Gusela als formvollendetes, beinahe »matterhornähnliches« Felshorn.

Nach der rassigen Via ferrata Marmol öffnet sich zwischen jähen Felsfluchten das »Tor in den Süden«.

Die Civetta-Moiazza-Transversale

Was folgt, ist einer der populärsten Abschnitte des gesamten Einsers: Trans-Civetta – die immer wieder in den höchsten Tönen gepriesene Wanderung unterhalb der »Wand der Wände«. Fast 1200 vertikale Meter misst der Nordwestabbruch der Civetta, ein Schauplatz der Extreme, Reich tollkühner Sestogradisten. Da bleibt dem Wanderer nichts als ehrfurchtsvolles Staunen. Die landschaftliche Pracht ist beinahe unbeschreiblich. Über dem Lago Coldai ragen die ersten wuchtigen Türme in den Himmel, dabei sind es nur die Randpfeiler dieser riesigen Orgel aus Stein: Torre di Coldai, Torre d'Alleghe, Torre di Valgrande. Wir überschreiten eine Scharte und tauchen hinein ins Val Civetta, auf die geröllbedeckten Böden unter der eigentlichen Wand. Es ist eigenartig: Um sie richtig zu erfassen, sind wir zu nah dran. Ein bisschen mehr Abstand tut Not, dazu steigen wir rechter Hand zum Rifugio Tissi auf. Endlich ist der ideale Logenplatz gefunden. Wenige Schritte oberhalb, an der Cima di Col Rean, öffnet sich auch der Blick gen Westen und Norden über das weite Land der bleichen Berge. Von tief unten schimmert der Alleghesee herauf, der erst durch einen neuzeitlichen Bergsturz entstanden ist.

Unter den südwestlichen Ausläufern der Civetta setzt sich unser Höhenweg fort und steuert in allmählichem Bergab das Rifugio Vazzoler an. Neue Bilder nehmen uns gefangen: Der schlanke Torre Venezia, die Busazza mit dem Torre Trieste und der gesamte Moiazza-Zug, der eigentlich nichts anderes als die südliche Verlängerung der Civettagruppe ist. Obwohl wir nun für längere Zeit nicht mehr über die Zweitausendmetermarke hinauskommen, wird es tendenziell eher mühevoller. Was keinesfalls untypisch ist, wenn man in den Dolomiten Südkurs eingeschlagen hat. Die Wege werden dort zuweilen ruppiger, können auch mal überwachsen sein, sind jedenfalls längst nicht so frequentiert wie weiter nördlich und mithin auch selten von Abertausenden von Bergschuhen breit ausgetreten. Dennoch dürfte ein Zurechtfinden auf dem Einser eigentlich nirgends ein Problem sein. Nachdem über den Col d'Ors und die Forcella di Camp auch die Moiazza passiert ist, gelangen wir zum Rifugio Carestiato und wenig später zum Passo Duran, der Straßenverbindung zwischen dem Agordino und dem Val di Zoldo.

Tamer, Pramper, Talvena – die unbekannten Dolomiten
Jenseits baut sich die Tamergruppe vor uns auf – die Namen werden nicht bekannter. Doch wer einmal der Cima di San

Links: Beim Aufstieg zum Monte Pelmo ziehen uns die vertikalen Linien in Bann.

Rechts: Rast am Lago di Coldai, am Beginn der eindrucksvollen »Trans-Civetta«.

Oben: Unser Wegzeichen ist das aufgepinselte Dreieck mit der »1«, wie hier an der Forcella di Moschesin im Angesicht des Pramper.

Unten: Einsame Dolomitenlandschaften beim Übergang zum Rifugio Pian de Fontana.

Sebastiano oder dem Tamer Grande aufs Haupt gestiegen ist, weiß welch großartige Bergerlebnisse hier auf den Entdeckungslustigen warten. Ein kleiner »Seitensprung« ist daher durchaus erwägenswert. Bis zur Schiara durchwandern wir nun die einsamsten Gebiete auf dem Höhenweg Nummer 1; erst ganz am Schluss dürfte es aufgrund der Nähe zur Provinzhauptstadt Belluno und der attraktiven Klettersteige, die es in der Schiara gibt, wieder lebhafter zugehen. Auch wenn die Gipfelhöhen jetzt nur noch um die zweieinhalbtausend Meter erreichen – die Berge bleiben schroff, echt dolomitisch eben, und aufgrund fehlender massentouristischer Erschließungen auch ausgesprochen urwüchsig. Das verleiht dem Ganzen ein Hauch von Abenteuer, ein bisschen Nostalgie auch, weil es hier noch so ist, wie es anderswo niemals mehr sein wird.

Dabei begleitet uns die Aussicht über das Agordino zur Pala – noch so ein großartiges südliches Dolomitenrevier, das seinerseits vom »Zweier« durchmessen wird (siehe dazu die Beschreibung im Band »Traumpfade in den Alpen«). Bei der Forcella di Moschesin kommt der Pramper ins Blick-

feld, an dessen Fuß das Rifugio Sommariva steht. Keine Großhütten mehr, alles urige Atmosphäre, so wie es in die Landschaft passt. Eine halbe Tagesetappe weiter, jenseits der Forcella de Zita, erreichen wir das Rifugio Pian de Fontana. Ehemals stand hier nur eine Biwakhütte zur Verfügung, doch bewirtschaftete Stützpunkte sind nun einmal das A und O einer mehrtägigen Höhenroute. So nehmen wir das Angebot gerne an und füllen die Reserven für den letzten anstrengenden Übergang auf. Wir werden sie brauchen!

Die Tamergruppe im warmen Abendlicht.

Rassiger Schlusspunkt in der Schiara

Über die Forcella Lavaretta nähern wir uns der letzten, südlichsten Bastion, der Schiara. Dort wird der Einser seinem Wesen untreu, ein technisch unschwieriger Höhenweg zu sein. Das muss in aller Deutlichkeit gesagt werden, denn die Überschreitung des Schiara-Kammes, speziell der südseitige Abstieg über die exponierte Via ferrata Marmol kann einen Gelegenheitswanderer in eine recht prekäre Lage bringen. Als Alternative bleibt nur, vorher auszuscheren und am Rifugio Bianchet vorbei durchs Valle del Vescova den Talabstieg anzutreten. Falscher Ehrgeiz wäre sicher nicht angebracht. Wer sich allerdings einen mittelschweren Klettersteig zutrauen darf (auch im Abstieg!), der findet hier ein wahrhaft krönendes Finale. Schon die Nordflanke über dem Hochtal von Nerville steilt sich ordentlich auf. Oben auf der Kammhöhe angekommen wird man sich den Abstecher zum Gipfel des Monte Schiara kaum entgehen lassen. Anschließend geht's ans Eingemachte. Wir passieren die hoch gelegene Biwakschachtel und tasten uns in das gewaltige steinerne Amphitheater der Schiara-Südwand hinab. Bei dem einen oder anderen mag die hoch aufschießende Kulisse mulmige Gefühle auslösen. Doch der Steig ist überall gut gesichert, findet geschickt die Durchschlüpfe über gestuften Fels, Bänder, Rinnen und Kamine. Nach rund $1^1/_2$ Stunden ist man am Vorbau angelangt und darf tief durchatmen. Die Spannung löst sich, der Blick entzieht sich der Umklammerung enger Schluchten und schweift über die Belluneser Voralpen ins »Freie«. Der Rest ist ein langer Hüttenabstieg vom Rifugio 7° Alpini ins Tal von Belluno, wo die große, klassische Dolomiten-Durchquerung ihr Ende findet. Toll war's allemal!

Bild Mitte: Immer wieder besticht der Kontrast zwischen schroffem Dolomitfels und grünen Wiesen. Markant der Torre Venezia (links) in der Civettagruppe.

IM LIEBLINGSGEBIRGE DER TRENTINER

Kreuz und quer durch die wilde Brenta

Brenta – der Inbegriff eines Bergsteigerparadieses. Schroffe, zu langen Ketten verbundene Dolomitstöcke, mal wuchtig, mal filigran, geben dem Gebirgszug im Süden der Alpen seinen einzigartigen Charakter. Im Laufe der Zeit ist die Brenta vor allem zum Mekka der Klettersteiggeher avanciert. Kein Wunder, kennt die berühmte Via delle Bocchette mit ihren atemberaubenden Kulissen doch kaum ein Vergleichsstück. Für alle, die im Gebirge auch ein wenig Nervenkitzel suchen, zählt eine Durchquerung der Gruppe auf den abenteuerlich luftigen Steiganlagen zu den vielversprechendsten Touren ihrer Art.

Seite 82/83: Impressionen am Sentiero Bocchette Centrali: Brenta Alta und Campanile Basso.

Die Brenta ist großartig und von wandelbarer Schönheit. Manchmal zeigt sie sich schon von Ferne in voller Klarheit. Dann wieder steht man zu ihren Füßen und verliert sich. [...] Man muss Geduld haben und wandern und eine Kulisse nach der anderen in sich aufnehmen …« Diese Worte stammen aus Luca Visentinis Monografie über die Brentagruppe und sie sprechen mir aus dem Herzen. Denn sie drücken eine ganz bestimmte Sichtweise und Motivation aus: Unterwegs sein, nicht um dieses oder jenes Modeziel abzuhaken, sondern um Schritt für Schritt Vertrautheit mit einer Bergwelt aufzubauen und schließlich Tiefergehendes zu ergründen. Nicht zuletzt ist dies der Grundgedanke alpiner Durchquerungen.

Die Brenta ist ein Musterbeispiel dolomitischer Landschaft, mehr noch als die Dolomiten selbst, zu denen sie fälschlicherweise manchmal gerechnet wird. Geografisch bildet der tiefe Etschgraben eine klare Trennungslinie. In einer Gesamtansicht gewinnt man den Eindruck einer riesigen, zerscharteten Felsenfestung, wogegen sich aus der Nähe betrachtet alles in ein faszinierendes Sammelsurium von Detailformen auflöst, einem steinernen Labyrinth nicht unähnlich. In geradezu genialer Weise erschließt sich uns dieses auf den verschiedenen Teilstücken und Varianten der Via delle Bocchette. Schon in den Dreißigerjahren wurde mit der Anlage der ersten Abschnitte begonnen, woraus sich nach und nach eine umfangreiche Wegekette entwickelte. Erst damit ist eine Durchquerung des wildesten und spektakulärsten Teils der Brenta überhaupt möglich geworden. Der Boom des Bocchetteweges, dem zu Recht alle möglichen Superlative zugesprochen werden, ist seither ungebrochen.

Das dichte Wegenetz lässt gerade im zentralen Bereich die Kombinationsmöglichkeiten schier unerschöpflich erscheinen. Bei jeder Hütte stehen eine Hand voll Wegalternativen offen, weshalb die hier vorgestellte Routenführung mehr als sonst nur als Anhaltspunkt gedacht ist. Sie wurde allerdings mit der Absicht entworfen, ein möglichst umfassendes Bild der Brenta zu vermitteln, was auch die Begehung des einsamen Nordteils einschließt. Wo sich alles nur auf den legendären Bocchetteweg konzentriert, gerät die andere, nicht weniger interessante Seite der Brenta leicht in Vergessenheit.

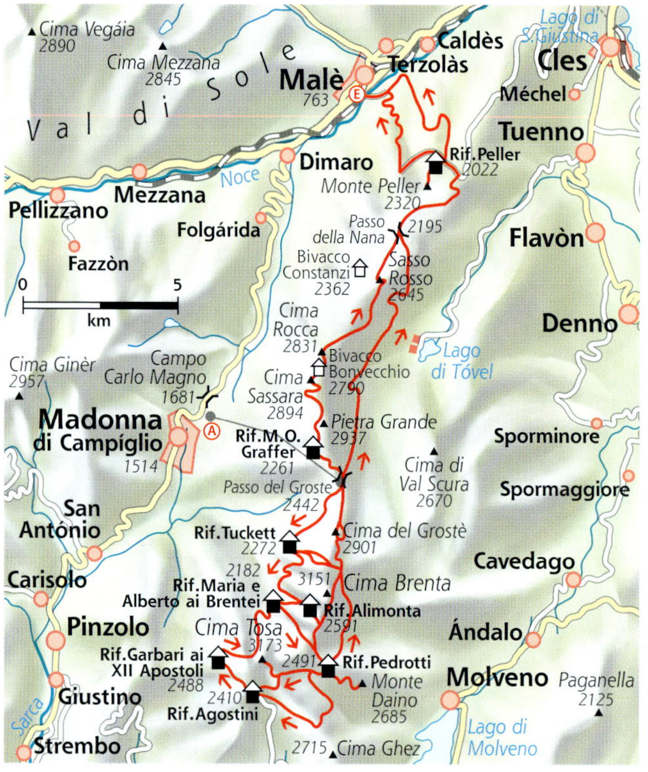

Vom Grostèpass ins Herz der Gruppe

Nachdem wir den weiten Sattel des Passo del Grostè erschwernislos mit der Seilbahn erreicht und uns den geheimnisvollen, etwas einschüchternd wirkenden Felsszenerien behutsam über den Sentiero Stoppani angenähert haben, bekommen wir auf dem Sentiero SOSAT einen ersten Vorgeschmack auf die typischen Brenta-Steige. Zwar beschränkt sich hier das Eisen auf einige kürzere Passagen, doch ist zumindest schon mal eine hohe, senkrechte Leiter dabei, die den weniger an Ausgesetztheit gewöhnten Wanderer bereits ordentlich aufwühlen kann. Ansonsten besticht der Sentiero SOSAT durch seine prächtige Aussicht auf die firnbedeckten Gipfel der Adamello-Presanella-Gruppe sowie durch die gewaltige Wucht des nahen Tosa-Crozzon-Massivs. Am Auslauf können wir schließlich wahlweise zur Brentèihütte ab- oder zur Alimontahütte aufsteigen.

Letzteres empfiehlt sich, wenn als nächste Etappe der Sentiero Bocchette Centrali, Aushängeschild und Traumroute der Brenta schlechthin, auf dem Programm stehen soll. »Morgenstund' hat Gold im Mund« – dieser Spruch ist in den Bergen oft ein guter Ratgeber. Für die Brenta gilt dies ganz besonders, ist es doch kein Geheimnis, dass hier im Laufe des Tages beinahe regelmäßig Nebel aufzieht und die Aussicht verdirbt. Aufgeheizt von einer starken südlichen Sonne beginnen Luftpakete an den steilen Flanken des Gebirges emporzusteigen. Dabei kondensiert die Feuchte zu Quellwolken, die sich im Felsengewirr regelrecht verfangen: Der berühmte

Rechte Seite, links oben: Die Agostinihütte in der südlichen Brenta.

Rechte Seite, rechts oben: Gewaltig ragen Crozzon di Brenta und Cima Tosa über der Brentèihütte auf.

Rechte Seite, unten: Alle Steige in der Brenta sind ausreichend bezeichnet. Man hat nur die Qual der Wahl, wie dieser Wegweiser bei der Pedrottihütte beweist.

Brenta-Nebel ist geboren. Frühes Aufstehen lohnt sich also, zumal dann auf den beliebten Steigen auch weniger Gedränge herrscht. Und wenn sich die Wolken bis zum Nachmittag sogar zu einem Gewitter zusammengebraut haben sollten, hängt man nicht mehr an irgendwelchen Eisenteilen, sondern genießt das Spektakel ganz ungeniert bei einem Glas Rotwein in der Hütte.

Es ist also ein früher, klarer Morgen, wenn wir von der Alimontahütte zum Sentiero Bocchette Centrali aufbrechen. Dieser Abschnitt durchmisst eine Felsarena von beispielloser Architektur, quert dabei auf schmalen Bändern massige Wandfluchten ebenso wie bizarre Türme und Zacken, taucht in enge Verschneidungen ein und beeindruckt durch jähe Abgründe kaum einen Fußbreit neben uns. Anstatt von

Steinerne Monumente, wohin man schaut. Zu Füßen von Brenta Bassa (links) und Brenta Alta erkennt man die Pedrottihütte.

einem »Weg der Schärtchen« (Bocchette) könnte man auch von einem »Weg der Bänder« sprechen, so charakteristisch sind die kleinen Absätze, die meistens die einzige Möglichkeit einer Weganlage in dieser vertikalen Welt vermitteln. An manchen Stellen sind sie eigens dafür ausgesprengt worden. Es ist absolut phänomenal, die grandiose Kulisse so hautnah zu erleben, ohne dabei jedoch auf unüberwindliche Hürden zu stoßen. Die Landschaftsbilder vor allem dieses Abschnitts haben die Brenta weithin berühmt gemacht. Besondere Aufmerksamkeit gebührt dabei seit jeher dem Campanile Basso, in deutschsprachigen Bergsteigerkreisen eher unter dem Namen »Guglia di Brenta« geläufig. Jener unglaublich schlanke Felsmonolith arrivierte längst zum Wahrzeichen der Gruppe und vermag uns, egal von welcher Seite wir ihn erblicken, in entzücktes Staunen und tiefe Bewunderung zu versetzen.

Die südliche Schleife

Ziel des Sentiero Bocchette Centrali ist das Rifugio Pedrotti gleich jenseits der Bocca di Brenta. Bevor wir von dort aus zur großen Südschleife ansetzen, sei ein kurzer Seitensprung erlaubt. Obwohl die Brenta zu gewissen Zeiten als überlaufen zu bezeichnen ist, werden die meisten Gipfel erstaunlicherweise wenig besucht. Vielleicht ist in einer Art »Scheuklappenblick« das Interesse nur auf das Populäre gerichtet, vielleicht glauben viele Wanderer auch, dass dort, wo die markierten und gesicherten Steige aufhören, dem Weiterkommen ohnehin ein Ende gesetzt ist. Dass es diesbezüglich aber höchst anregende Ausnahmen gibt, beweist zum Beispiel der Monte Daino – für mich persönlich einer der hinreißendsten Plätze überhaupt. Dieser Gipfel gewährt nicht nur einen Ausflug in die »Ruhezone«, sondern auch eine begeisternde Außenansicht, die einen prächtigen Blick hinab zum Molvenosee und bei klarer Luft sogar bis zum Gardasee mit einschließt. Kaum ein Ort in der Brenta, an dem man sich dem mediterranen Süden näher fühlt.

Auch einen Teil des Weiterweges zum Rifugio Agostini können wir einsehen. Am leichtesten gelangen wir dorthin über den Sentiero Palmieri. Obwohl nur eine unschwierige Halbtagesetappe, sollte man sie keineswegs gering schätzen.

Senkrechte Leitern, wie hier am Sentiero Castiglioni, gehören zu den typischen Merkmalen der Brenta-Klettersteige.

Die Landschaft wirkt hier wesentlich heiterer und weniger streng als auf den hohen Klettersteigen – Impressionen, die ebenfalls zur Brenta gehören und unser Bild von dieser Gebirgsgruppe ungemein bereichern können. Vorbei an der großen Mulde der Pozza Tramontana erreichen wir die Forcolotta di Noghera als Übergang ins Val d'Ambiez, in dessen Talschluss die mit ihrem knallroten Dach so auffällige Agostinihütte platziert ist.

Wer sich hingegen für die obere Etage entscheidet, bewegt sich auf dem Sentiero Brentari in jenen dramatischen Felsgefilden, die uns in der Brenta so nachhaltig beeindrucken, etwa im Bereich der engen Bocca della Tosa. Da mag unter Umständen sogar ein wenig Beklemmung aufkommen, insbesondere wenn man in die scheinbar unheilschwangeren Brenta-Nebel gerät. Bei gutem Wetter empfiehlt sich geübten Alpinisten ein Abstecher zur Cima Tosa, die als höchste Erhebung der ganzen Gruppe regelmäßig Besuch erhält. Im Gegensatz zu den Hüttenverbindungen weist die Führe keinerlei Sicherungen, dafür aber eine durchaus ernsthafte Kletterpassage auf: Falls man den schon recht glatt polierten, zudem häufig nassen Kamin gleich oberhalb des Einstiegs meistert, dürfte auch der Rest bis auf die eisverzierte und überraschend geräumige Gipfelhaube ohne Probleme sein.

Da die Bocca d'Ambiez mit ihrem Steileis zu beiden Seiten einige Tücken besitzt und nur mit Eisausrüstung begangen werden sollte, steigen wir aus dem wilden Winkel der Vedretta d'Ambiez durch ein Bergsturzareal zum nahen Rifugio Agostini ab. In diesem Fall entgeht uns auch nicht der Sentiero Castiglioni, der im ostseitigen Aufstieg zur Bocchetta dei Due Denti eine der kühnsten Steiganlagen der gesamten Brenta aufweist: Eine 200 Meter hohe Steilwand wird mit Hilfe eines verschachtelten Leitersystems überwunden. Die Ausgesetztheit ist enorm, mit dem Fels kommt man hier allerdings kaum noch im Berührung. Gleich südlich der Scharte gewinnen wir mit der Cima SUSAT einen ausgezeichneten Platz, um die Zusammenhänge der südlichen Brenta in Ruhe zu studieren, ehe wir westwärts zum Rifugio XII Apostoli absteigen. Der technisch leichte, aber aufgrund einer kurzen Gletschertraverse mit hochalpinem Anstrich versehene Sentiero Martinazzi bringt uns anschließend über die Bocca di Camosci zum Rifugio Brentèi und damit zurück in den zentralen Teil der Gruppe. Direkt vis-à-vis des Crozzon di Brenta, der mit der Cima Tosa zu einer monumentalen Einheit verbunden ist, offenbart sich abermals der ganze Zauber der Brenta.

Bocchette Alte, Orsi und Benini

Am nächsten Tag kann der Sentiero Bocchette Alte als höchster und anspruchsvollster aller Brenta-Steige ein

Der Sentiero Palmieri vermittelt einen beschaulichen Übergang ohne den alpinen Ernst der Klettersteige. Hier der Blick zum Dos di Dalum.

Durch den stillen Nordteil der Brenta verläuft der großartige Sentiero Costanzi.

weiteres Highlight bedeuten. Doch aufgepasst: Wer bisher schon an seine Grenzen geraten ist und sich nicht absolut sicher im exponierten Gelände zu bewegen vermag, sollte lieber auf den leichteren Sentiero Orsi ausweichen. Dazu wechseln wir nochmals über die Bocca di Brenta zum Rifugio Pedrotti. Wenngleich man auf einer tieferen Trasse am Fuße der Felswände verbleibt, glänzt auch der Sentiero Orsi mit packenden Landschaftsbildern. Entlang des Ostwandsockels der zentralen Kette verlaufend, bietet er besonders im zauberhaften Licht der Morgensonne ein überaus reizvolles Ambiente, wenn über den Hochkaren die wilden Türme – darunter die Guglia in ihrer unvergleichlich schlanken Form – in den azurblauen Himmel ragen.

Doch gestandene »Ferratisti« wollen der Durchquerung mit dem Sentiero Bocchette Alte sicherlich das i-Tüpfelchen aufsetzen. Von der Alimontahütte aus beginnt dieser im Aufstieg zur Schulter der Cima Molveno relativ harmlos, es sei denn, man entscheidet sich für die Einstiegsvariante des Sentiero Detassis: Die senkrechte, teils sogar überhängende Leiternserie (»Götterleiter«) ist die waghalsigste und längste ihrer Art in der Brenta. Sie erfordert neben Kraft, Ausdauer und absoluter Schwindelfreiheit vor allem einigen Mut. Gemeinsam geht es in steilem Fels weiter über den Logenplatz des Spallone dei Massodi zur Spalla di Brenta. Hinter jeder Felsenecke blickt man gebannt und voller Konzentration auf den Weiterweg. Die verwinkelte Routenführung bleibt ein Charakteristikum, obwohl das für die praktische Orientierung eher belanglos ist: Die Sicherungen weisen ohnehin den einzig gangbaren Weg. Je nach aktuellen Verhältnissen kann die Querung einer schaurigen Eisrinne, die geradezu ins Bodenlose stürzt, die Schlüsselstelle sein.

Eine echte Krönung erfährt dieser Übergang mit dem optionalen Aufstieg vom Garbariband zur Cima Brenta, bei dem wir zur Abwechslung einmal »frei« kraxeln dürfen. Belohnt wird man mit dem vielleicht schönsten Rundblick – hinüber zu den Gletschern der Adamello- und Ortlergruppe in der einen sowie den artverwandten Bergen der Dolomiten in der anderen Richtung.

Auf dem Sentiero Benini, der 1972 als letztes Teilstück der Via delle Bocchette erbaut worden ist, um die Lücke zwischen Tuckethütte und Grostèpass zu schließen, vollendet sich unsere Runde durch den zentralen Teil der Gruppe. Das »Brenta-Fieber« hat uns längst gepackt und lässt uns auch diesen vergleichsweise nur mäßig schwierigen Klettersteig in vollen Zügen genießen. Mit Cima Sella, Cima Falkner und Cima Grostè fallen mir zudem gleich drei lohnende Abstecher zu Fast-Dreitausendern ein, die den Sentiero Benini durchaus zu einer tagfüllenden Etappe »aufmotzen« können.

Blick aus der Bocca del Tuckett nach Westen zur Presanella; links die wuchtigen Kiehne-Türme.

In die stille nördliche Brenta

Vermutlich wird das Gros der Bergsteiger ihr Unternehmen mit Rückkehr am Grostèpass für beendet erklären. Wer allerdings noch die andere, stille Seite der Brenta kennen lernen möchte (was ich jedem nur ans Herz legen kann), der wendet sich nach einer Übernachtung in der Grafferhütte dem ausgedehnten Nordteil zu. Es erwartet uns ein Kontrastprogramm, wie es stärker nicht sein könnte. Bis zur Pellerhütte ganz am Nordende befindet sich kein bewirtschafteter Stützpunkt – ein krasser Gegensatz zur Hüttendichte im Zentralteil. Logische Konsequenz: Man wähnt sich bald in völliger Einsamkeit.

Die nördliche Brenta wird im Wesentlichen durch zwei parallel laufende Steige erschlossen. Während der Sentiero Palete durchwegs auf der Ostseite verbleibt, folgt der anspruchsvollere Sentiero Costanzi über weite Strecken der Kammlinie. Es handelt sich – völlig wertfrei zu verstehen – in jedem Fall um eine andere Form des Bergsteigens als am Bocchetteweg. Ausdauer und am Sentiero Costanzi auch absolute Trittsicherheit in abschüssigem Schrofengelände sind die wichtigsten Voraussetzungen, wobei die gesicherten Abschnitte hier nur eine untergeordnete Rolle spielen. Der Sentiero Costanzi ist für erfahrene Bergwanderer ohne Zweifel das größte Abenteuer, das die Brenta zu bieten hat. Auch wenn zwei Biwakschachteln das Problem der Länge entschärfen, sollte man sich nur bei günstiger Wetterprognose darauf einlassen. Schon allein wegen der fantastischen Aussicht, denn man überschreitet quasi einen Gipfel nach dem anderen. Ihre Namen sind wenig bekannt, und doch – oder vielleicht gerade deshalb – sind es überaus dankbare Ziele. Bevor man am letzten Tag nach Malè absteigt, kann man die Tour auf dem Monte Peller, dem grasbewachsenen Hausberg der Pellerhütte, in aller Beschaulichkeit ausklingen lassen. Dieses Gebirge, schon fast am Südrand der Alpen gelegen, steckt voller Kontraste und Überraschungen – man kann nur begeistert sein.

Der Campanile Basso, auch als »Guglia di Brenta« bekannt, ist einer der kühnsten Felsobelisken der Alpen. Während diese Aufnahme am Sentiero Orsi entstand, führt der Sentiero Bocchette Centrali unmittelbar an ihm vorbei.

IM »FESTSAAL DER ALPEN«

Rund um die Bernina

Die erhabene Szenerie der Berninagruppe im schweizerischen Oberengadin zählt zweifelsohne zu den absoluten Glanzpunkten. Nicht umsonst prägte Walther Flaig das Wort vom »Festsaal der Alpen«. Seien es die Nobelorte St. Moritz und Pontresina, »Schauplätze« wie Diavolezza und Fuorcla Surlej, oder die grandiosen Eisgipfel um Piz Palü und Piz Bernina – ein Superlativ reiht sich hier an den anderen. Demgegenüber ist die italienische Südseite weit weniger bekannt, aber nicht minder interessant. Wer die Bernina vollständig umrundet und damit von allen Seiten kennen lernt, erlebt eine landschaftliche Galavorstellung sondergleichen.

Seite 90/91: Der Piz Roseg im letzten Abendlicht, aufgenommen von der Coazhütte.

Von einer geschlossenen Rundtour um die Bernina habe ich persönlich bislang noch nie etwas gehört. Dabei scheint mir diese Idee geradezu auf der Hand zu liegen, erleben vergleichbare Wanderungen in den Westalpen (etwa die Tour du Mont Blanc) doch einen enormen Zuspruch. Hier hingegen scheint die bis zu viertausend Meter hohe Mauer aus Fels und Eis eine echte Barriere zu sein, die das Oberengadin auf der einen und das stillere, touristisch bescheidenere Val Malenco auf der anderen Seite in zwei getrennte Welten scheidet. Dabei mögen die Hochalpinisten einander begegnen, wenn sie dem Piz Bernina, dem Piz Palü oder dem Piz Roseg aufs Haupt steigen. Doch das Wandervolk riskiert meistens keinen Seitensprung, bleibt entweder hüben oder drüben, was für Menschen aus dem deutschsprachigen Raum in aller Regel das Oberengadin bedeutet. Nur wenige werden wohl auch das Val Malenco aus eigener Anschauung kennen und wissen, dass es dort eine ganz packende Landschaft zu bestaunen gibt, die unser Bild von der Bernina eigentlich erst komplett macht.

Irgendwann bin ich schließlich selbst ans Austüfteln einer Route gegangen und lege meine »Kreation« hiermit vor. Ziel war es, wie üblich die wichtigsten Berghütten rund um das Massiv miteinander zu verbinden, und zwar über eine alpine Route, die Tuchfühlung zu den Gletschern und ganz großen Gipfeln der Bernina hält, gleichwohl für den (erfahrenen) Bergwanderer geeignet ist. Was in der Theorie bereits vielversprechend aussah, erwies sich in der Praxis schließlich – zumindest nach meinem Empfinden – als eine der eindrucksvollsten Rundtouren in den ganzen Alpen.

Rechts: Urweltliche Wasserfallszenerie beim Aufstieg zum Rifugio Longoni.

Rechte Seite, oben: Junges Murmeltier.

Rechte Seite, rechts: Zauberhafter Auftakt zur Rundtour um die Bernina: Der Lägh da Cavloc im Val Forno mit den Pizzi dei Rossi im Hintergrund.

Von Maloja über den Murettopass

Als Startpunkt empfiehlt sich der Malojapass an der Schwelle vom Oberengadin zum Bergell. Von dort aus wenden wir uns ins Val Forno und finden bereits nach knapp einer Gehstunde durch herrliche Arvenwälder ein ungemein lauschiges Plätzchen: Der Cavlocsee (Lägh da Cavloc) wird einen unter Umständen lange festhalten. Weiter oben verzweigt sich das Hochtal. Während es rechts zur Fornohütte ginge, folgen wir dem linken Ast und steigen durch zunehmend kargeres Gelände zum Passo del Muretto auf. Einst führte über diesen Grenzpass zu Italien ein beliebter Schmugglerpfad. Mit dem Monte Disgrazia, dem höchsten Gipfel der Bergeller Berge, als Blickfang geht es anschließend südseitig bis in die Almregion hinab, wo ein urwüchsiger, zum Teil etwas verwachsener Verbindungssteig zwischen der Alp dell'Oro und der Alp Fora eine günstige Traverse über dem hintersten Val Malenco ermöglicht. Die Umgebung besitzt ein zauberhaftes südalpines Flair. Beim Gegenanstieg zum Rifugio Longoni wandern wir über malerische Böden, dann wieder über kompaktes Granitgestein, während nebenan Wasserfälle über die Felsen stürzen. Wunderbar abgerundet wird diese lange Auftaktetappe mit der tollen Balkonlage der Hütte. Da schweift der Blick durch den Einschnitt des Val Malenco weit hinaus ins Veltlin zur Kette der Bergamasker Alpen sowie über unzählige andere lombardische Gipfel, deren Namen wir auf der Karte erst herausfinden müssen.

Die große Traverse auf der Südseite

Was eine typisch südalpine Gebirgslandschaft außerdem noch zu bieten hat, werden wir am folgenden Tag gewahr. Der Übergang zum Rifugio Marinelli, dem großen, zentralen Stützpunkt im italienischen Teil der Bernina, ist nicht nur ausgesprochen rau, sondern über weite Strecken auch weglos und recht spärlich markiert. So sollten die im Tourenbegleiter angegebenen fünf bis sechs Stunden mehr als sonst nur als Richtwert aufgefasst werden, für den Fall, dass sämtliche Voraussetzungen hinsichtlich alpiner Erfahrung, Geländetauglichkeit, Orientierungsvermögen und nicht zuletzt nebelfreiem Wetter erfüllt sind. Auch wenn im Berninaführer von einem unschwierigen Übergang gesprochen wird (was in technischer

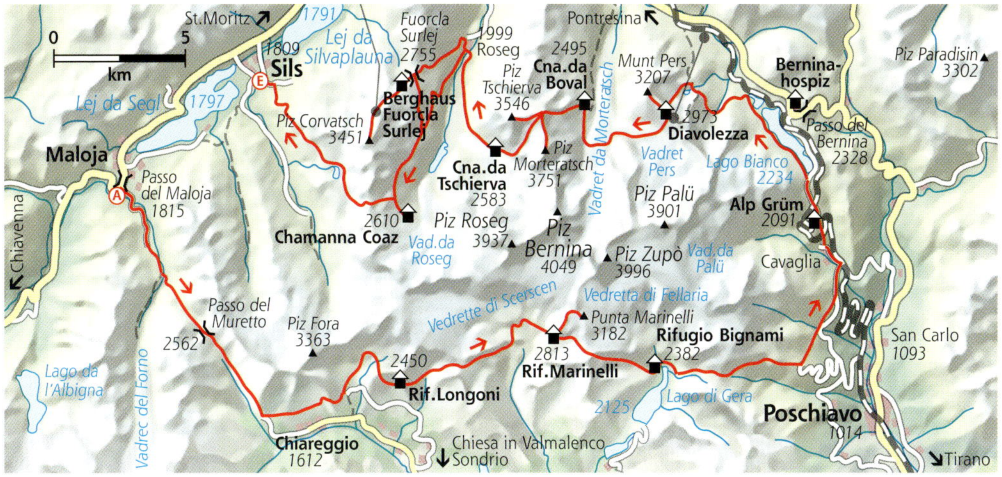

Hinsicht zutreffen mag), ist man hier in einem Terrain unterwegs, das dem Durchschnittswanderer mitunter schon etwas haarig erscheint. Insbesondere wenn er gewohnt ist, sich auf ausgebauten und markierten Steigen zu bewegen und ihm das freie Gehen durchs Gelände bisher eher fremd war. Dies soll aber keineswegs zu abschreckend klingen, denn gerade solche Touren können zum unvergesslichen Erlebnis werden. Da tauchen wir in die faszinierende Ödnis weltverlorener Moränenlandschaften ein, in deren Umgebung uns rauschende Bäche wie stille Karseen, Gletscherzungen mit absturzbereiten Séracs und der kantige Fels schroffer Urgesteinsgrate begeistern. Was für eine gewaltige Landschaft, physisch wie mental gleichermaßen herausfordernd!

Einen der besten Aussichtspunkte der südlichen Bernina finden wir mit der Punta Marinelli gleich oberhalb der gleichnamigen Hütte. Direkt gegenüber streben die mächtigen, rostbraunen Felspfeiler über dem Fellariagletscher und dem Oberen Scerscengletscher in den Himmel. Es sind dieselben Gipfel, deren Anblick von Norden weithin bekannt ist und millionenfach auf Film gebannt wurde. Nur selten sieht man hingegen Bilder von dieser Seite. Sie wirkt vielleicht nicht ganz so majestätisch, dafür noch eine Spur strenger und abweisender. In entgegengesetzter Richtung genießt man derweil den Ausblick bis zu den südlichen Ausläufern der Alpen und ist überrascht ob der weiten »Terra incognita« in diesen Bereichen. Wer sich's zu entdecken traut ... Die Punta Marinelli sollte man sich jedenfalls nicht entgehen lassen, zumal der Aufstieg kaum mehr als eine gute Stunde kostet. Da kann man locker am gleichen Tag den Übergang zum Rifugio Bignami anhängen. Dennoch sollte die Überschreitung der Bocchetta di Caspoggio nicht auf die leichte Schulter ge-

nommen werden, denn mit einer kurzen Gletschertraverse und der recht ausgesetzten Scharte grenzt die Sache schon ans hochalpine Bergsteigen.

Aus dem Puschlav zur Diavolezza

Am vierten Tag verlassen wir die italienische Bernina wieder und kehren über den Passo Confinale in die Schweiz zurück. Allerdings befinden wir uns dort vorerst im Bereich des Val Poschiavo (zu deutsch Puschlav), also einem der Südbündner Täler, wo ebenfalls italienisch gesprochen wird. Die Landschaft ist jener im Val Malenco ähnlich. Hier ist nun ein größerer Höhenverlust unumgänglich. Bis zur Alpsiedlung Somdoss lässt sich zunächst noch eine weite Aussicht über das Puschlav genießen, doch in weiterer Folge müssen wir durch teilweise bewaldetes Terrain bis Cavaglia absteigen. 1693 Meter – der tiefste Punkt unserer Rundwanderung. Wer möchte, kann dort in die Rhätische Bahn steigen und sich bis Alp Grüm oder sogar bis zum Berninapass hinauffahren lassen. Der »Bernina-Express« zwischen Tirano und St. Moritz ist ein beliebtes Ausflugsevent ganzer Touristenscharen, welche in Panoramawagen sitzend die grandiose Gebirgskulisse an sich vorbeiziehen lassen. Zwar ist die Bahn alles andere als ein Schnellzug, für das Auge eines Wanderers möglicherweise aber doch zu schnell. So gibt es als Alternative auch reizvolle Fußwege über die Steilstufe des Puschlav hinauf zur Alp Grüm und weiter am Lago Bianco vorbei, der in der weiten, offenen Passlandschaft die Scheitelhöhe und damit den Übergang ins Oberengadin markiert.

Nach diesen eher beschaulichen Abschnitten können wir am Nordende des Sees allmählich nach links abdrehen, das kleine Val d'Arlas ausgehen und uns dem Aufstieg zur Diavolezza zuwenden. Zwar wäre diese bekanntermaßen auch bequem mit der Luftseilbahn erreichbar, doch wollen wir uns die legendäre Aussicht lieber redlich verdienen. Der kleine Steig durch die Flanken des Sass Queder ist durchaus nicht unattraktiv. An der Kammhöhe bei der Diavolezza angelangt, erwartet uns dann ein echter Paukenschlag: Die Skyline der Bernina – vom Piz Cambrena ganz links über Piz Palü, Bellavista, Piz Zupo, Piz Argient, Crast'Agüzza bis zu Piz Bernina und Piz Morteratsch – verkörpert eine geradezu perfekte Hochgebirgsszenerie von westalpinen Dimensionen, die seit jeher Bergfreunde in ihren Bann zieht. Sicher ist die Diavolezza längst kein Ort der Stille mehr, aber die Ausstrahlung der gleißenden Gipfel nimmt nach wie vor jeden gefangen. Garantiert!

Silberschloss und Himmelsleiter – im Herzen der Bernina

Um dem größten Trubel ein wenig zu entfliehen, besteigen wir mit Vorliebe den Munt Pers nebenan. Ein vergleichbar prachtvolles Panorama, so nah dran am großen Eis, findet man nur äußerst selten. Schaustück ist der auf drei mächtigen Pfeilern gestützte Piz Palü, der spätestens seit Arnold Fancks »Die weiße Hölle am Piz Palü« zum absoluten Kultobjekt avancierte. In der Literatur ist er als »Silberschloss« verewigt, für Alpinisten ein Berg von enormer Anziehungskraft. Auf der Normalroute können wir meist zahlreiche Seilschaften erkennen, die im chaotischen Eisbruch des Persgletschers die größten Hindernisse zu erwarten haben. Wer genügend Hochtourenerfahrung und die komplette Gletscherausrüstung mitbringt, wird eine Besteigung vielleicht in Erwägung ziehen …

Auch wir steigen auf den Persgletscher ab, wollen uns dabei aber mit dem Anschauen der Bergriesen begnügen. Der Weiterweg zur Bovalhütte ist eine beliebte »Gletscherwanderung«, die unter sachkundiger Leitung auch von Menschen ausgeführt wird, die sich niemals eigenverantwortlich in dieses Gelände trauen würden. Doch auch Gletscherbegehungen sind keine Hexerei. Wir queren den Persgletscher und weiter unten, unweit des Zusammenflusses, den Morteratschgletscher jeweils im Bereich einer spaltenarmen Zone. Im Sommer ist das Eis in aller Regel

Linke Seite: Im Anblick der Eisbrüche des Oberen Scerscengletschers erfolgt der letzte Gegenanstieg der zweiten Tagesetappe zur Marinellihütte.

Die gewaltigen Gipfel der zentralen Berninagruppe in ihrer ungewohnten Südansicht. Standpunkt ist die Punta Marinelli, Hausberg der gleichnamigen Hütte.

ausgeapert, sodass man sich wegen etwaiger Schründe kaum sorgen muss. Allemal Respekt einflößend ist hingegen der Blick hinauf ins so genannte »Labyrinth«, einem unglaublich zerrissenen Gletscherwinkel, sowie zum kolossal aufragenden Piz Bernina, dem einzigen Viertausender der Ostalpen. Wenn wir am jenseitigen Gletscherufer bei der Bovalhütte angelangt sind, können wir die gewaltige Morteratsch-Arena in aller Muße auf uns wirken lassen.

Am nächsten Tag steht uns der mit Abstand höchste Übergang und gleichzeitig wohl das Paradestück der Tour bevor, denn es verbindet mit dem Val Morteratsch und dem Val Roseg die beiden beeindruckendsten Areale der Berninagruppe. 3347 Meter misst bereits die Fuorcla Boval, die wir mit der Besteigung umliegender Gipfel sogar noch toppen können. Wer den felsigen Steilaufstieg zur Scharte mit Bravour besteht, wird auch mit dem Piz Tschierva keinerlei Probleme haben. Ein wenig mehr Einsatz fordert der Piz Morteratsch mit seinem steilen Firnrücken und eventuell ein paar großen Schründen. Doch der Aufstieg lohnt sich: Von nirgendwo sonst hat man einen besseren Blick

auf die elegante Firnschneide des Biancogrates, jene immer wieder als »Himmelsleiter« apostrophierte Traumtour. Sie ist für Generationen von Bergsteigern das Zauberwort der Bernina schlechthin. Daneben imponiert vor allem die eisverkrustete Nordostwand des Piz Roseg, die uns auch beim Abstieg zur Tschiervahütte als optischer Magnet erhalten bleibt.

Vom Val Roseg ins Val Fex

Für die Traversierung der Gletscherströme im Val Roseg gibt es leider keine so günstige Möglichkeit wie drüben im Morteratschgebiet. Das bedeutet für uns einen Abstieg in die Talsohle bis zum Hotel Roseggletscher, der aber durch die landschaftliche Schönheit der Umgebung vollkommen aufgewogen wird. Das Val Roseg ist ein glaziales Bilderbuchtal, geprägt durch die Gletscher, die einst natürlich noch ein ganz anderes Ausmaß besaßen. Und dabei muss man gar nicht unbedingt bis in die Eiszeiten zurückdenken. Vor gerade einmal hundert Jahren flossen Tschierva- und Roseggletscher noch ineinander, mittlerweile ziehen

sich ihre Zungen immer weiter in die hohen Bergkessel zurück. Trotzdem ist es nach wie vor das Eis, welches die Szenerie im Val Roseg beherrscht. Auf dem Weg zur Coazhütte sind unsere Blicke unentwegt auf die grandiose Kulisse gerichtet – am überwältigendsten, wenn wir den kleinen Umweg über die Fuorcla Surlej wählen. Das Dreigestirn des Tschiervakessels (Piz Bernina, Piz Scerscen und Piz Roseg) strahlt mit dem nicht ganz so hohen, aber extrem vergletscherten Sellakamm um die Wette. Nochmals richtig auf Tuchfühlung gehen wir bei der Coazhütte, die ganz zuhinterst auf einer felsigen Kanzel in unmittelbarer Nähe der wilden Brüche des Roseggletschers liegt. Mitunter hört man das Eis krachen und bekommt eine Ahnung von den Urgewalten der Natur. Besonders stimmungsvoll wird es am Abend, wenn die zerschrundeten Gletscherflächen in warmes Licht getaucht sind und ihre Konturen wunderbar preisgeben. Zuletzt verglimmt das Licht am Piz Roseg, der uns hier sein westseitiges Schmalprofil zuwendet.

Am letzten Tag schlagen wir nochmals eine weglose Route ein, die uns über die Fuorcla Fex-Roseg in den Bereich des Fextals und hinaus nach Sils im Oberengadin bringt. Haben wir die mitunter heikle Scharte überwunden und sind auf den Karböden beim Lej Sgrischus angelangt, wird es Schritt für Schritt immer lieblicher. In dieser »Landschaft des Lichts«, in der sich laut Friedrich Nietzsche »Italien und Finnland zum Bunde zusammengefunden haben« vollzieht sich der Ausklang unserer Tour um die Bernina in gebührendem Maße. Während die Blicke ein letztes Mal über die Bündner Gipfelwelt schweifen, leuchten von unten die Oberengadiner Seen glanzvoll herauf. Wenig später sind auch wir dort angekommen.

Unterwegs am Höhenweg zur Coazhütte, einem Aussichtsbalkon der Extraklasse. Im Hintergrund der Tschiervakessel mit Piz Morteratsch, Piz Bernina, Piz Scerscen und Piz Roseg (von links).

Bild Mitte: Die Cime di Musella sind Blickfang südlich der Marinellihütte. Ganz links ist die Bocchetta di Caspoggio als Übergang zur Bignamihütte zu erkennen.

Linke Seite, oben: Piz Bernina, »König der Ostalpen«, über dem zerklüfteten Morteratschgletscher.

Linke Seite, unten: »Magic Line« – Die weiße Schneide des Biancogrates am Piz Bernina gehört zu den alpinistischen Top-Attraktionen.

VOM VORDERRHEIN INS MISOX

Durch die stillen Adula-Alpen

Adula, Rheinwaldgebirge – bei vielen werden diese Begriffe eher nur eine verschwommene Vorstellung hervorrufen. Dahinter verbirgt sich eine bezaubernde Bergwelt im Übergangsbereich von Nord und Süd, zwischen dem Bündner Oberland auf der einen und der nördlichsten Ecke des Tessins auf der anderen Seite. Die Durchquerung der Adula-Alpen ist kein Weg für Heerscharen, eher für Individualisten und stille Genießer, die ihr alpines Rüstzeug gelernt haben. Ob in den Medelser Bergen, auf der Greina-Hochebene, rund ums Rheinwaldhorn oder auf dem großartigen Sentiero Alpino: Die Ursprünglichkeit der Landschaft ist hier überall zu greifen.

Seite 98/99: Der Sentiero Alpino zählt zu den interessantesten Höhenwegen in der Schweiz. Blick vom Pass de Buffalora zu den Bergen jenseits des Val Calanca.

Eine der grundlegenden Zielsetzungen dieses Buches besteht darin, die Schönheit der Berge unabhängig von ihrem Bekanntheitsgrad zu preisen und damit auch auf weniger im Rampenlicht stehende Alpenregionen aufmerksam zu machen. Da passen die Adula-Alpen gut ins Bild. Um eine genauere Vorstellung zu vermitteln, seien kurz ihre Umrisse skizziert: Im Norden fungiert das Vorderrheintal als Begrenzung, im Osten ist es der Hinterrhein mit der Verlängerung über den San Bernardino ins Misox. Vom südlichsten Punkt bis Biasca tangiert der Ticino, ehe sich der Kreis mit der Lukmanier-Achse, sprich dem Valle di Blenio und dem Val Medel, zurück nach Disentis schließt. Die Adula-Alpen bilden somit den Kernbereich der zahlreichen Rheinquellen in Graubünden, worauf auch der früher gebräuchliche Name »Rheinwaldgebirge« zurückzuführen ist. Im Zentrum der Gruppe erhebt sich das stolze Rheinwaldhorn, das die Tessiner wiederum »Adula« nennen. Durch ihre Lage – dies- und jenseits des Alpenhauptkammes – ist die Region den verschiedensten Einflüssen ausgesetzt: Klimatisch betrachtet als Wetterscheide bekannt, befindet sie sich kulturell-historisch gesehen im Geflecht zwischen dem rätoromanischen, walserdeutschen und italienischen Kulturraum.

So kommen wir auf der großen Durchquerung der Adula-Alpen mit ganz unterschiedlichen Landschaftselementen in Berührung. Obwohl kein schwieriges Unterfangen, eignet sich die Tour kaum für Bergungewohnte. Die Übergänge führen häufig in unwegsames Gelände, immer wieder sind beschwerliche Block- und Geröllfelder zu überqueren, zwischendurch sogar einige kurze Gletschertraversen zu meistern. Mehrere Abschnitte sind nach Schweizer System als anspruchsvolle Alpinroute blau-weiß markiert. Kurzum: Eine Portion Hochgebirgserfahrung sollte jeder Anwärter mitbringen.

In den Medelser Bergen

Wir entscheiden uns für eine Begehung von Nord nach Süd und starten im kleinen Ort Curaglia, gleich südlich von Disentis. In eindrucksvoller Manier präsentiert sich die gletscherüberwallte Nordseite des Piz Medel beim Aufstieg durchs Val Plattas. Allerdings hat man von diesem Anblick noch weitaus mehr, wenn man die Tour mit einer Überschreitung des Piz Ault beginnt. Schon am Crap Stagias weitet sich das Panorama, und je höher wir am Gratkamm nach oben steigen, desto prachtvoller wird es. Die weglose Fortsetzung vom Gipfel zur Fuorcla dalla Buora braucht im Übrigen nicht zu schrecken; sie ist unschwierig und ein gutes Training für das Bevorstehende. Nach einem Zwischenabstieg auf die Böden der Alp Sura fädeln wir in den Hüttenweg ein und erreichen schließlich die Camona da Medels hoch oben in der zugigen Fuorcla da Lavaz.

Sicher wird manch einer während dieser ersten Etappe vom gleißenden Eismantel der Medelser Gruppe dermaßen in Bann geschlagen sein, dass er Lust auf einen Ausflug in dieses höchste Stockwerk verspürt. Falls die steile Gletscherzunge nicht gerade mit Blankeis aufwartet, erweist sich dies als moderate Hochtour auf einen bemerkenswerten Aussichtsgipfel. Wer indessen eine apere Besteigung vorzieht, ist mit dem Piz Caschleglia gut beraten. Gänzlich ohne Gletscherberührung wird es auf dieser Durchquerung aber ohnehin nicht ablaufen. Auf der folgenden Etappe Richtung Greina muss im Aufstieg zur Fuorcla Sura da Lavaz eine Passage in kaum spaltengefährlichem Eis bewältigt werden. Prekär kann dieser weitgehend weglose und daher vor allem orientierungsmäßig keineswegs leichte Übergang bei Schlechtwetter werden – dann ist noch mehr als sonst peinlich genau auf die blau-weiße Markierung zu achten. Bei guter Sicht hingegen können wir die Etappe mit einem Abstecher zum Piz Valdraus, dem nördlichsten Punkt des Tessins, sogar noch aufwerten.

Rechte Seite, oben: Über dem Lago di Luzzone erhebt sich der Piz Terri, den wir im Zuge der Adula-Durchquerung besteigen können.

Rechte Seite, unten: Das Vorderrheintal liegt unter einer Hochnebeldecke verborgen, während die Bergspitzen in der Sonne gleißen: Rechts der Piz Caschleglia, im Hintergrund der Oberalpstock in den Glarner Alpen.

Zauber der Greina

Plaun la Greina: ein romanischer Name voller Poesie, Sinnbild unversehrter, herbschöner Natur, die ihre Reize hinter abgelegenen Bergketten versteckt. Weit sind die Wege aus den Tälern herauf, und niemand würde hier oben – eingebettet zwischen hohen, kargen Gipfeln – eine solch weite, offene Hochebene vermuten. Das glitzernde Band des Rein da Sumvitg, der die Wasser der Umgebung sammelt, verleiht der Szenerie einen fast melancholischen Charme. Als einer der Rheinquellflüsse ist ihm in der Greina eine unbeschwerte Kindheit beschieden, während derer er nach Belieben mäandern kann, ehe mit dem Abwärtsrausch ins tief eingeschnittene Val Sumvitg die jugendliche Sturm-und-Drang-Zeit eingeläutet wird. Unten in der Surselva wird er dann erwachsen – vor sich noch einen langen (Lebens-)Lauf bis hinaus in die Nordsee.

Ein wenig enttäuscht war ich zunächst, als ich im Zuge meiner Erkundungen gerade in der Greina nicht so tolles

Links: Szene beim Aufstieg zum Passo Soreda; im Hintergrund die Berge über der Greina.

Rechts: Auf den Weiden der Alp Sura im oberen Val Plattas.

Rechte Seite: Im Läntatal entspringt der Valser Rhein, hier mächtig überragt vom Pizzo Cassinello.

Wetter erwischte. Schwere, düstere Wolken lasteten über der kargen Landschaft, erzeugten eine eigenwillig triste, schwermütige Stimmung. Die Greina wirkte mit ihren sumpfigen Wiesen und spärlich bewachsenen Böden, den verästelten Bachläufen und von den Bergen herabreichenden Schneezungen wie eine nordische Tundrenlandschaft. Im Nachhinein glaube ich zu ahnen, dass gerade eine solche Atmosphäre den wahren Zauber der Greina ausmacht. Und mit dieser Meinung bin ich offensichtlich nicht allein: »So richtig schön ist die Greina in der nackten Einsamkeit kalter Schlechtwettertage, kurz vor dem Einschneien im späten Herbst oder während langer Frühlingswochen, wo es scheint, als würde die Sonne des Schnees niemals Herr werden. An solchen Tagen kann der Besucher fühlen, was an dieser Gegend voller Schutt und Steine so sehr fasziniert, dass man davon schwärmt und immer wieder hierher zurückkommt.« (Peter Donatsch)

Nachdem die Greina in den Achtziger Jahren in der ganzen Schweiz Schlagzeilen machte, besitzt sie mittlerweile einen außerordentlich hohen Stellenwert und nimmt insofern für die Adula-Alpen eine Ausnahmeposition ein. Glücklicherweise konnte damals ein großes Stauseeprojekt abgeblockt werden. Seither ist die Greina in ihrer Unvergleichlichkeit zu einer Art »Modellregion« des Landschaftsschutzes avanciert, in der Wanderungen natürlich voll im Trend liegen. Mit der Camona da Terri, der Capanna Motterascio und dem Rifugio Scaletta erschließen drei Stützpunkte das Gebiet. Wir durchstreifen es nach Belieben zwischen diesen Eckpunkten. Dabei lässt sich auch die imposante Schieferbastion des Piz Terri vorteilhaft ins Programm einbinden, und zwar als hochalpine Variante des Übergangs zur Motterasciohütte. Wer dorthin nicht auf kürzestem Wege über den Crap la Crusch gehen möchte, begibt sich in den abgeschiedenen Karwinkel unter der düsteren Nordwestwand des Piz Terri. Bevor wir den Gipfel letztlich über den Westgrat erreichen, prägen wir uns noch die Stelle ein, von der nachfolgend steil ins Valle de Güida und zur Motterasciohütte abgestiegen wird. Auch dies ist eine der »blau-weißen« Alpinrouten. Mit dem weiteren Bergab zum Luzzone-Stausee lassen wir das einzigartige Greinagebiet schlussendlich hinter uns.

Varianten rund ums Rheinwaldhorn

Für den mittleren Teil der Durchquerung stehen nun grundsätzlich zwei verschiedene Routenführungen zur Auswahl. Beide besitzen ihre Verlockungen, weshalb ich mich einer bestimmten Bevorzugung lieber entziehen möchte. In jedem Fall geraten wir jetzt allmählich in den Bannkreis des Rheinwaldhorns, des höchsten Gipfels der Adula-Alpen. Je nachdem von wo man diesen Berg erblickt, zeigt er ganz verschiedene Gesichter. Vollkommen vergletschert und Richtung Gipfel spitz zulaufend, bietet die Nordseite ein wahrhaft formvollendetes Antlitz. Nach Westen präsentiert sich das Rheinwaldhorn hingegen behäbig breitschultrig,

nach Süden felsig, wüst und abweisend, während die Ostseite wiederum mit einer wuchtigen, gleichwohl eleganten Gestalt aufwartet. Vom Luzzone-Stausee führt ein interessanter Übergang durchs wilde Val Scaradra und über den Passo Soreda ins Läntatal auf der Nordseite des Rheinwaldhorns. Kaum zu glauben, dass über diesen nicht ganz leichten, steinigen Pass – immerhin 2759 Meter hoch – in früheren Zeiten sogar Vieh getrieben wurde. Tessiner Bauern aus dem Valle di Blenio besaßen nämlich drüben auf der Lampertsch Alp Weiderechte, für deren Nutzung weder Mühsal noch Gefahren gescheut wurden. Für uns gibt es heute einen leidlichen Bergpfad, der trotz einiger Stolpersteine den Wandergenuss nicht zu kurz kommen lässt.

Die Barriere im Süden des bilderbuchmäßigen Läntatals könnte von erfahrenen Bergsteigern über die Läntallücke überwunden werden. Da diese direkte Verbindung zur Zapporthütte hinsichtlich ihrer Anforderungen den gewöhnlichen Rahmen jedoch fast schon sprengen würde, sollten wir lieber über den Zervreilasee und die Canallücke ausweichen. Der vermeintliche Umweg wird sich durchaus lohnen: In beschaulicher Art und Weise kommen wir zunächst an der malerischen Lampertsch Alp sowie am türkisfarbenen Zervreilasee vorbei. Anschließend zweigen wir ins Canaltal ab und steigen im Angesicht des Güferhorns Richtung Canallücke empor. Abermals fesselt uns die Ursprünglichkeit dieser Hochtäler: Das Rauschen der Bergwasser, der allmähliche Wechsel der alpinen Höhenstufen bis hinauf in die nivale Zone, die eindrückliche Abgeschiedenheit der Gegend … Nach einem kurzen Abstecher zum Salahorn sind auf der Südseite volle Konzentration und Routeninstinkt gefragt, denn der steile Abstieg bis zur Zapporthütte ist in dem unübersichtlichen Gelände nicht unbedingt einfach zu finden.

Zum höchsten Punkt des Tessins

Szenenwechsel: Falls wir von vornherein auf der Tessiner Westseite des Adula-Massivs verbleiben, ergibt sich ein gänzlich anderer Routenverlauf. Hier bringt uns das sanft ansteigende Val di Carassino an den Bergkörper des Rheinwaldhorns heran, wo gleich zwei Hütten mit demselben Namen Capanna Adula um die Gunst der Besucher werben. Jede Menge Moränenschutt sowie ein gutmütiger Gletscher prägen den Aufstieg über die Normalroute, mit der höhentaugliche und gut ausgerüstete Berggeher einen Glanzpunkt ihres Trekkings erleben. Schon der umtriebige Benediktinermönch Placidus a Spescha, der nicht nur in Graubündens Bergwelt vielfältige Spuren hinterlassen hat, rühmte anlässlich der Erstbesteigung anno 1789 die großartige Aussicht. Da das Rheinwaldhorn geografisch außerordentlich günstig positioniert ist und in der Umgebung keinen ernsthaften Konkurrenten besitzt, mag sie an klaren Tagen fast grenzenlos erscheinen. Vom Monte Rosa bis zur Bernina überblickt man praktisch die gesamten Schweizer Alpen.

Mit der vor einigen Jahren eröffneten Capanna Quarnéi ist auf der Südseite noch ein Stützpunkt hinzugekommen, den wir über den Passo del Laghetto einbeziehen können. Vollkommen weglos wird es dann im Übergang zur Zapporthütte: Egal, ob man den Passo dei Cadabi oder das benachbarte Vogeljoch bevorzugt, markierte Pfade, geschweige denn ausgebaute Bergwege sind hier Fehlanzeige. Dafür erleben wir das Hochgebirge in seiner ganzen Urtümlichkeit, was besonders auch für den Abstieg über den Paradiesgletscher zur urigen Zapporthütte gilt. Unweit von »Hölle« und »Paradies« liegt sie im Ursprungsgebiet des Hinterrheins zwischen den mächtigen Bastionen von Zapport-, Rheinwald- und Güferhorn. Dass ein solch anspruchsvoller Übergang nur bei guten Sichtverhältnissen angegangen werden darf, versteht sich von selbst. Und noch ein wichtiger Tipp an dieser Stelle: Die Zapporthütte sucht man idealerweise am Wochenende auf, zumal sie dann bewartet ist und das Militär am Panzerschießplatz Hinterrhein in jedem Fall Pause hat. Ansonsten

Linke Seite, oben: Die Lampertsch Alp im Läntatal, einem typischen Hochtal des Bündner Oberlandes.

Linke Seite, unten: Das Gipfelpanorama vom Rheinwaldhorn zählt zu den absoluten Highlights einer Durchquerung der Adula-Alpen.

Vor der Kulisse des Güferhorns führt der Anstieg zur Canallücke, einem möglichen Übergang zur Zapporthütte.

könnte nämlich der Weiterweg unbegehbar, weil gesperrt sein, was erhebliche Komplikationen nach sich ziehen würde.

Oben: Der Ursprung des Hinterrheins mit Rheinquellhorn (links), Rheinwaldhorn und Pardiesgletscher.

Rechts: Steinig präsentiert sich der Abstieg aus dem markanten Einstieg des Passo del Laghetto.

Rechte Seite: Zielort der Adula-Durchquerung ist das malerisch gelegene Santa Maria in Calanca.

Der Sentiero Alpino über dem Val Calanca

Mit dem Abstieg nach Hinterrhein könnten wir die Tour nach einer knappen Woche ausklingen lassen. Doch sollte man sich dies angesichts der attraktiven Fortsetzung jenseits des Passo del San Bernardino gut überlegen. Dort erwartet uns mit dem Sentiero Alpino di Calanca eine der großartigsten Höhenwanderungen in der gesamten Schweiz. Drei zusätzliche Tourentage stehen bevor, immer entlang des Kammzuges, der die beiden Bündner Südtäler Val Calanca und Valle Mesolcina (zu deutsch Misox) trennt. »Der Himmel schon südlich, die Luft noch frisch« – so lautet ein bekanntes Zitat, das diese Gegend sicher treffend charakterisiert. Obwohl sie politisch noch zu Graubünden gehört, ist sie geografisch, klimatisch, kulturell und wirtschaftlich deutlich Richtung Tessin orientiert. Während das Misox seit jeher ein Durchgangstal ist, wirkt das obere Val Calanca durch den Sperrriegel des Zapporthorns wie das Ende der Welt. Man mag darin die perfekte Alpenidylle vermuten, doch gibt es immer auch eine Kehrseite der Medaille. Die hat sich einst in bitterer Armut manifestiert, denn das karge Gebirgsland konnte seine Bewohner kaum ernähren. Als daraufhin eine dramatische Entvölkerung einsetzte, wurden Almen aufgelassen, Wege überwucherten. Das Tal drohte kulturell zu verarmen.

Fremde verliefen sich aufgrund der Abgelegenheit so gut wie nie ins Val Calanca. Es bedurfte schon einer besonderen Initiative, um Bergwanderer neugierig zu machen, sie in diese raue, urwüchsige Bergwelt zu locken: Zwischen 1978 und 1983 baute die eigens gegründete Associazione Sentieri Alpini Calanca (ASAC) einen durchgängigen Höhenweg zwischen San Bernardino und Santa Maria in Calanca aus. Unzählige freiwillige Arbeitstage – geleistet von einigen hundert Jugendlichen aus diversen Ländern – waren nötig, um die dem Verfall preisgegebenen Almwege miteinander zu verbinden. Das abschüssige Gelände zeigte sich zu jedweder Hinterhältigkeit bereit. Herausgekommen ist ein teilweise spektakulärer Routenverlauf, stets in luftiger Höhe über dem tief eingekerbten Calancatal, mit entsprechend grandiosen Ausblicken. Mal windet sich der schmale Pfad durch steilste Abhänge, mal überschreitet er Scharten, passiert Felsrippen und Bachschluchten, dann wieder verläuft er durch malerische Almkessel, die von dem einen oder anderen See geschmückt sind. Mit der Capanna Buffalora befindet sich nur eine bewirtschaftete Unterkunft am Sentiero Alpino, dazu gesellen sich drei mehr oder weniger spartanisch ausgestattete Biwakhütten. Man vergesse nicht, dass in diesen sämtliches Proviant selbst mitgebracht werden muss.

Nachdem wir zu Fuß oder mit dem Bus zum Passo del San Bernardino gelangt sind, gehen wir zunächst den Muciakessel unter dem Zapporthorn aus und steuern über blockreiches Gelände die Böden der Alp de Confin an. Dort erhält man Anschluss an den Sentiero Alpino, der im Ort San Bernardino, südlich der Passhöhe, seinen Ausgang nimmt (mögliche Variante). Disziplin und Durchhaltevermögen sind an diesem Tag in jedem Fall noch gefordert, denn erst nachdem wir den Pass de la Cruseta und die Bocca di Rogna hinter uns gelassen und den letzten Gegenanstieg nach Pian Grand bewältigt haben, finden wir im gleichnamigen Rifugio eine Bleibe. Hoffentlich ist sie nicht überfüllt.

Noch spannender gestaltet sich die nächste Etappe, die mit einem Aufstieg zur Cresta Bedoleta beginnt. Der große Bogen durch den Kessel von Trescolmen führt uns zur Bocchetta del Büscenel, einem der exponiertesten Plätze am Calanca-Höhenweg. Schaurig-schön sind die Tiefblicke aus den haltlosen Steilflanken am Fil de Ciar, ehe der Weg in die gewaltige Karbucht von Ganan einschwenkt. Dort bietet das kleine Rifugio Ganan Unterschlupf, doch wird man bei gutem Wetter die Fortsetzung zur bewirtschafteten Capanna Buffalora noch am selben Tag in Angriff nehmen. Sie vollzieht sich nach ähnlichem Muster: Langes Queren zur Gratrippe des Piz de Ganan, dann am idyllischen Lagh de Calvaresc vorbei zur gleichnamigen Alm und weiter quer durch die Flanken zur Buffalorahütte, die zwischen lichten Waldbeständen schon lange zu sehen ist. Dort kann man nochmals richtig auftanken, bevor es auf die letzte lange Etappe bis nach Santa Maria geht.

Ständige Auf- und Abstiege bleiben das Markenzeichen dieser Tour. In zum Teil schwindelerregender Ausgesetztheit quert man die Flanken der Cima de Nomnom, durchwandert den urwüchsigen Aionkessel und gelangt an den Rand der Aurigliaschlucht, die das letzte größere Hindernis verspricht. Mittels künstlicher Steighilfen löst sich das Problem, doch Schluss ist erst, nachdem die beiden Gegenanstiege zum Mottone und zum Pian di Renten und der wenig knieschonende Abstieg über 1000 Höhenmeter bis nach Santa Maria bewältigt sind. Dem malerischen Ortsbild und dem gesamten Landschaftsambiente merkt man es an: Wir sind im Süden angekommen!

ZWISCHEN VIERWALDSTÄTTER SEE UND FURKA

Auf hohen Wegen durch die Urner Alpen

Wohl in keiner anderen Region präsentiert sich die Schweiz originaler als in den Urner Alpen. Hier, im geografischen und historischen Zentrum der Eidgenossenschaft, trifft man auf eine Berglandschaft wie aus dem Bilderbuch. Von den idyllischen Szenerien am Vierwaldstätter See bis in die hochalpinen Zonen um Susten und Furka erschließen sich sämtliche Facetten einer reizvollen Trekkingtour. Die zumeist recht anspruchsvollen Verbindungen zwischen den urigen Berghütten lassen die Herzen ambitionierter Wanderer höher schlagen. Damit zählt die Urner »Haute Route« zweifellos zur Crème de la Crème alpiner Durchquerungen.

Seite 108/109: Die Kröntenhütte mit der Kalkbastion des Schlossberges im Hintergrund.

Eine Besonderheit im standardisierten Schweizer Wegenetz sind die so genannten »alpinen Routen«, im Gelände erkennbar an der blau-weißen Markierung. Damit soll das höhere Anforderungsprofil gegenüber den gewöhnlichen Bergwanderwegen (rot-weiß) signalisiert werden. Gerade mit derartigen Routen schließen wir auf unserer Tour durch die Urner Alpen des Öfteren Bekanntschaft; ja sie machen sogar den größten Teil aus. Dabei ist diese Entwicklung relativ neu. Denn in der Schweiz gab es nie jene ausgeprägte Tradition wie in den Ostalpen, Berghütten untereinander durch ausgebaute und markierte Höhenwege zu verbinden und damit auch den normalen Bergwanderer in die hochalpinen Gefilde zu locken. Oftmals mag das Gelände hier engere Grenzen setzen, doch erkennt man in jüngerer Zeit mehr und mehr die hohe Attraktivität solcher Touren. So hat sich in Sachen Wandern von Hütte zu Hütte mittlerweile einiges getan. Als Musterbeispiel darf die Durchquerung der Urner Alpen gelten, die sich mit ihrer vergleichsweise großen Hüttendichte bestens für hochalpines Trekking eignen.

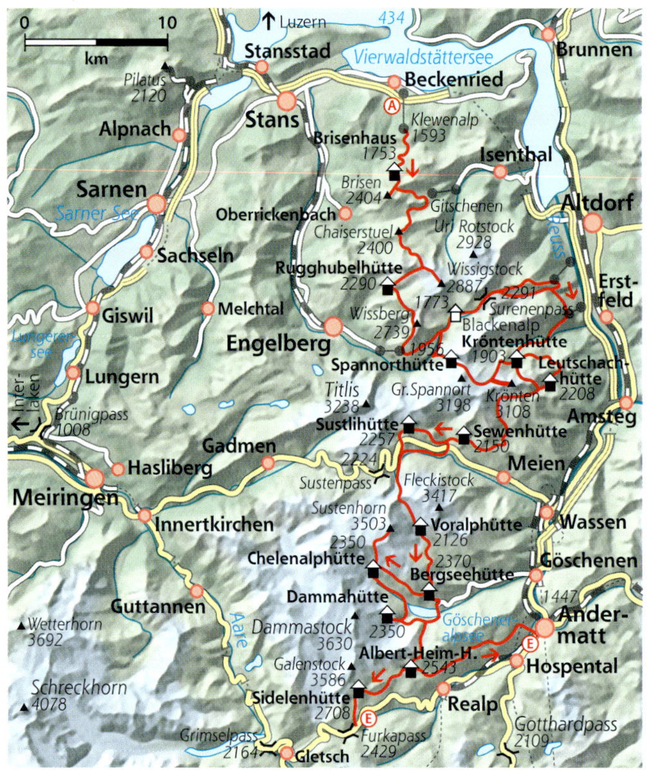

Voralpiner Auftakt am Brisen

Wie ein langsames Crescendo werden sich die Eindrücke im Laufe dieser Tour steigern. Zu Beginn umgibt uns eine Voralpenlandschaft in Reinkultur: die Berge weithin mit grünen Matten überzogen und von der Almwirtschaft geprägt, dazu herrliche Blicke über den verwinkelten Vierwaldstätter See, seines Zeichens quasi die Urzelle der Eidgenossenschaft. Von seinen Gestaden bringt uns eine Luftseilbahn rasch zur oberhalb Beckenried gelegenen Klewenalp. Mit einem leichten Spaziergang hinüber zum Brisenhaus können wir uns auf die neue Umgebung einstellen und uns allmählich an die frische Bergluft sowie das Unterwegssein auf Schusters Rappen gewöhnen. Kuhglockengeläut ist ständige Begleitmusik, während der Sonnenuntergang hinterm Pilatus zum ersten großen Ereignis gerät.

Rechte Seite, oben: Beim Übergang von der Rugghubelhütte zum Wissberg durchstreifen wir ursprünglichstes Alpingelände, das volle Konzentration und gutes Routengespür verlangt. Rechts im Hintergrund der Titlis.

Rechte Seite, unten: Immer wieder bezaubern uns die Farbtupfer einer vielfältigen Alpenflora: links Gemswurz, rechts Mannsschild.

Die vorderste Gebirgskette im Süden des Vierwaldstätter Sees wird vom Brisen dominiert. Der kann am nächsten Tag ein erstes Ziel sein, falls wir vom Steinalper Jochli zu einem Seitensprung bereit sind. Hochgerühmt ist das Panorama über die gesamte Innerschweiz, deren malerisches Gefüge aus Tälern, Bergen und Seen so anmutig daliegt. Freilich wird man auf dieser Etappe noch lernen, dass es auch voralpine Landschaften in sich haben können. Denn im mehrfachen Auf und Ab bis zur Rugghubelhütte kommen nicht nur eine beachtliche Wegstrecke, sondern in Summe auch etliche Höhenmeter zusammen. Das Alpgebiet von Gitschenen (wo weniger Ausdauernde die Etappe unterbrechen können), der steile, blumengesäumte Zickzack-Parcours zum Oberalper Grat, der tafelbergartige Chaiserstuel mit seiner exzellenten Aussicht sowie der allmähliche Wechsel in die nicht mehr voralpin geprägten Gefilde der Uri-Rotstock-Gruppe sorgen für ein ausgesprochen abwechslungsreiches Wandervergnügen. Ennet des Rot Grätli tut sich dann eine völlig neue Welt auf: Wir blicken auf die Umrahmung des hinteren Engelberger Tals, deren schroffe Kalkbastionen und zerschrundete Karrenfelder ein ganz anderes Bild formieren.

Hoch überm Engelberger Tal

Bevor wir unseren Weiterweg in diese einzigartige Karstlandschaft fortsetzen, sei noch auf den Engelberger Rotstock und den Wissigstock, die beiden Bergspitzen links und rechts der Engelberger Lücke, hingewiesen. Als Abstecher vom Rot Grätli oder als separate Tour von der Rugghubelhütte aus lassen sich hier schöne Gipfelerlebnisse einflechten, die eine Durchquerung ja bekanntlich sehr bereichern können. Doch nun zur folgenden Etappe, die eigentlich in dicke Ausrufezeichen eingerahmt werden müsste: Wenn uns gerade jetzt schlechtes Wetter mit Nebel erwischt, haben wir ein Problem, das nur mittels Abwarten oder Zwischenabstieg nach Engelberg zu lösen wäre. Denn schon bei guten Sichtverhältnissen ist der abseits ausgetretener

Pfade verlaufende Übergang von der Rugghubelhütte zur Fürenalp nicht leicht zu finden. Außer ein paar vereinzelten Steinmännchen existieren hier keine weiteren Wegzeichen. Und selbst diese werden immer wieder einmal von einem intoleranten Zeitgenossen zerstört, wie mir die Wirtsleute der Rugghubelhütte berichteten. Guter Routeninstinkt ist also unbedingt notwendig, um der technisch nicht schwierigen günstigsten Linie durch dieses bizarr und urweltlich anmutende Terrain folgen zu können.

Nachdem das hintere Griessental durchschritten und das karge, zerklüftete Karstplateau östlich des Gemsispil mühsam gewonnen ist, müssen wir Acht geben, um nicht in die Abbrüche des Fulenwassergrates zu geraten. Unter dem Stotzigberggrat kommen wir auf das so genannte Rot Band, an dessen Ende eine weitere Steilstufe wartet. Ohne die dort angebrachte Leiter wäre sie unüberwindbar. Nach Überschreitung des aussichtsreichen Wissberges können wir auf den Weiden der Fürenalp schließlich durchatmen. Ein aufregender Streifzug durch eine vollkommen abgeschiedene Welt – und doch in Sichtweite des pulsieren-

Beschauliches Wandern auf dem Wiesenbalkon über dem hinteren Engelberger Tal. Blickfang gegenüber ist die Spannort-Gruppe.

Rechts oben: Von Rüteli überblickt man das Erstfelder Tal, dessen romantische Urwüchsigkeit sich in wohltuender Weise vom transitgeplagten Urner Reusstal unterscheidet.

den Lebens im Engelberger Tal – liegt hinter uns. Gerade solche Erlebnisse brennen sich tief in die Seele ein. Die Fortsetzung vollzieht sich dann auf einem harmlosen, ungleich stärker bevölkerten Balkonweg im Angesicht von Titlis, Spannort und Schlossberg, wobei wir uns spätestens am Wasserfall des Stäubers über den Verlauf der nächsten Etappe zur Kröntenhütte klar werden müssen.

Diese bietet sich nämlich auf zwei grundverschiedenen Routen an. Ideal wäre die Direktverbindung via Schlossberglücke und Glattfirn, die – zumal vergletschert – allerdings nicht jedem geheuer sein dürfte. Die Spannorthütte, urig im Stil der alten Zeit erhalten und dazu in einer eindrücklichen Umgebung als perfekte Sonnenuntergangsloge gelegen, dient als Ausgangspunkt. Klein und schüchtern duckt sie sich unter die gewaltige Schlossberg-Westwand und die wie eine zersprengte Burgruine wirkende Bastion des Gross und Chli Spannort. Man wähnt sich fast in den Dolomiten. Der Aufstieg zur Schlossberglücke am nächsten Morgen gestaltet sich mehr mühsam als schwierig, und die Traverse des Glattfirns ist – zumindest wenn man einen weiten Bogen über das Hochbecken schlägt – auch nur mäßig spaltengefährdet. Dabei sollte man diesen Übergang unbedingt mit der Besteigung des Krönten, einem der attraktivsten Gipfel der Zentralschweiz, verbinden. Dennoch mag vielen das vergletscherte Terrain eine Spur zu unberechenbar sein. Um es zu meiden, ist ein großräumiges Ausweichen um den ganzen, lang gestreckten Schlossberg-Kamm erforderlich. Man übernachtet dann am besten in der Blackenalp und steigt tags darauf zum historisch bedeutsamen Surenenpass an. Jenseits geht es entweder direkt in die Waldnacht hinab oder schöner über den botanisch wie aussichtsmäßig reizvollen Grat zur Linken. Bis nach Wilerli verlieren wir jedenfalls noch weitere Höhenmeter, die später im Erstfelder Tal beim Aufstieg zur Kröntenhütte wieder aufgeholt werden müssen. Diese Strecke mag fast endlos erscheinen, doch ist sie vollkommen unschwierig und mit ihren tollen Landschaftsbildern durchaus mehr als nur eine Notlösung. Speziell der Erstfelder Talschluss präsentiert sich äußerst fotogen.

Großartige Alpinrouten zwischen Krönten-, Leutschach- und Sewenhütte

Nach den Kalkmassiven über dem Engelberger Tal herrschen von jetzt an die typisch zentralalpinen Kristallingesteine vor. Gerade die kantigen Felskastelle, zwischen denen nun auch vermehrt zerrissene Gletscherlappen kleben, prägen das Bild auf dem Weg in den südlichen Teil der Urner Alpen. Für den relativ kurzen Übergang zur Leutschachhütte stehen wiederum zwei Varianten zur Auswahl. Während die Route über den Leidseepass als Panoramaweg ausgewiesen ist und diesem Anspruch auch durchaus gerecht wird – insbesondere wenn zusätzlich der Gipfel des Jakobigers mitgenommen wird –, beeindruckt der ruppige Pfad über die enge Steinchelenfurggi (auch Ruchpass genannt) durch die wilden Felsszenerien ringsum. Als »blauweiße« Routen erfordern beide Trittsicherheit und Bergerfahrung, was in gleichem Maße für den überwiegenden Teil des Bevorstehenden, also auch für den Weiterweg zur Sewenhütte, gilt. Wer in diese Gefilde eintaucht, wird das Wesen der Urner Alpen aufs Stärkste verinnerlichen – so viel sei versprochen.

Mit Sasspass und Rot Bergli sind auf dieser Etappe gleich zwei Schartenübergänge zu meistern. Zwischendrin liegt das Hochtal von Gorneren, das in seiner schlichten Wild-

Fast wie in den Dolomiten: Das Massiv des Gross Spannort weckt Assoziationen in Form und Farbe.

Das Chelenalptal zeigt eine Urner Bilderbuchlandschaft.

heit so recht den ursprünglichen Charakter dieser Gegend widerspiegelt. Abermals wird unser Orientierungsvermögen auf die Probe gestellt. Die Markierungen sind streckenweise nur spärlich, Pfadspuren hier und da allenfalls angedeutet. Man sei sich stets bewusst, dass die im Tourenbegleiter angegebenen Gehzeiten für gute Bedingungen gelten sowie für den Fall, dass man die Route ohne wesentliche Verzögerungen und Verhauer findet. Die Anforderungen stellen sich ganz anders dar als auf gebahnten Höhenwegen! Wer eine Portion Abenteuerlust verspürt, ohne sich jedoch gleich als Alpinhasardeur betätigen zu wollen, für den sind solche Touren freilich genau das Richtige. Aus dem tiefen Winkel des Gornerentals erreichen wir das Rot Bergli und stehen wie gebannt vor einer neuen Hochgebirgsszenerie. Vor uns breitet sich das Sustengebiet aus, mit Fleckistock und Sustenhorn als herausragende Gipfel. Die Sewenhütte erweist sich auf ihrem südseitigen Balkon oberhalb des Meientals als ausgezeichnete Panoramaloge – ein Prädikat, welches in gleicher Weise auch der Sustlihütte ein Stück weiter westlich gebührt.

Vom Susten ins Göschenertal

Daher lohnt sich die Schleife über die Sustlihütte ganz bestimmt, auch wenn wir dadurch einen zusätzlichen Gegenanstieg vom Gorezmettlenbach an der Sustenstraße in Kauf nehmen müssen. Von der Terrasse erkennen wir im Süden den Einschnitt des Sustenjochs. Dass es dort einen Übergang zur Voralphütte geben soll, wird man zunächst ziemlich ungläubig zur Kenntnis nehmen. Womöglich ist der rund 300 Meter hohe nordseitige Felsabbruch die Schlüsselpassage der gesamten Tour. Ohne ihn zu bewältigen, wäre eine Gesamtdurchquerung kaum denkbar, denn leichtere Alternativrouten fehlen in diesem Bereich. Nachdem im Abstieg die Sustenstraße passiert ist – ganz egal, ob von der Sewen- oder Sustlihütte –, begeben wir uns ins eng umschlossene Chalchtal. Der Felsriegel unterm Sustenjoch scheint sich auch beim Näherkommen nicht in Wohlgefallen aufzulösen. Wir steigen über die Mittelmoräne bergauf und vertrauen der blau-weißen Markierung, die bei den Firnfeldern am Wandfuß nach rechts weist. Im Hin und Her über Bänder und Absätze gelingt schließlich der Durchstieg – eine große Hürde ist genommen. Bedeutend zahmer zeigt sich hingegen die Südseite, wo der Wallenburfirn sanft und praktisch spaltenfrei ins Voralptal ausläuft. Überragt vom mächtigen Sustenhorn erreichen wir die Voralphütte.

Von dort geht's anderntags weiter zur herrlich positionierten Bergseehütte. Nach den Sedimentgesteinen zu Beginn unserer Tour sowie den altkristallinen Gneisen, wie sie

Links: Blick in die Südabstürze des Bergseeschijen, einem überaus beliebten Kletterberg im Urner Granit.

Rechts: Bevor wir den beschwerlichen Anstieg zur Lochberglücke in Angriff nehmen, genießen wir den Blick auf den Dammastock im Talschluss von Göschenen.

beispielsweise im Bereich des Krönten auftreten, gelangen wir jetzt in die Zone des Aaregranits, der größten Granitmasse der Schweiz. Was sich hier wie »trockene« geologische Theorie anhört, gestaltet sich vor Ort alles andere als langweilig. Die Kontraste bestechen schon in optischer Hinsicht, und fragen Sie mal einen passionierten Kletterer, was er vom Aaregranit hält. Dass sich an Bergseeschijen, Salbitschijen und Co. so viele tummeln, mag Verdeutlichung genug sein. Ersterer ist im Übrigen auch für uns Alpinwanderer nicht nur zum Anschauen geeignet. Zwar dürfte uns die Südwand ein paar Grad zu steil sein, doch laden an der Nordseite des Ostgrates Granitplatten moderater Neigung zu einem netten Gipfelabstecher ein.

Das Göschenertal, über dem wir uns jetzt befinden, gilt als wahre Schatzkammer der Urner Alpen (was ob des Kristallreichtums ganz wörtlich zu nehmen ist). Doch spiele ich hier eher auf die landschaftliche Pracht und die tollen Tourenmöglichkeiten an. So könnten wir statt des kürzesten Weiterweges – über die Staumauer des Göscheneralpsees Richtung Lochberglücke – auch den wahrhaft »steinreichen« Höhenweg zur ganz hinten im Talschluss gelegenen Chelenalphütte unter die Sohlen nehmen. Wie auf dem Präsentierteller liegt die gesamte Dammastockkette, aufgrund ihrer extremen Vergletscherung im Volksmund auch Winterberg genannt. Sie bildet mit einem Kulminationspunkt von 3630 Metern das höchste Massiv der Urner Alpen, unverkennbar im Panorama zahlloser Schweizer Alpengipfel. Das beliebteste Hochtourenziel in der Umgebung ist aber das Sustenhorn, dem man von der Chelenalphütte aus via Sustenlimi zu Leibe rücken kann. Unentwegte könnten sogar noch die Dammahütte ins Programm einbeziehen, ehe man anschließend die Umrundung des Göscheneralpsees vollendet und über das urwüchsige Älpergenkar und die Lochberglücke auf die Südseite entschwindet.

Panoramawege über dem Urseren

Dort steht uns über dem Urseren, der südlichsten Urner Talschaft, das Finale bevor. Nach einer letzten Übernachtung in der Albert-Heim-Hütte haben wir nochmals die Wahl zwischen zwei verschiedenen Höhenwegen. Der kürzere, jedoch alpinere, trägt die ulkige Bezeichnung »Nepali Highway«. Vis-à-vis des Galenstocks führt er durch das Vorfeld des Tiefengletschers sowie um das Chli Bielenhorn herum zur kleinen Sidelenhütte und erreicht schließlich den Furkapass als Endpunkt. Stundenlanges Aussichtsvergnügen verspricht auch der Urschner Höhenweg, der sich kilometerweit durch die offenen Südflanken zieht und erst in Andermatt ausklingt. Wie man seinen Weg durchs Herz der Schweiz auch immer gestaltet, ein persönlich motiviertes Fazit sei mir am Schluss gestattet: In ihrer Ursprünglichkeit und Vielgestaltigkeit ist mir diese Gegend so lieb geworden, dass ich die Durchquerung der Urner Alpen zu meinen absoluten Favoriten zählen würde. Wer ihren Herausforderungen gewachsen ist, kann hier ein alpines Trekking in seiner Idealform erleben.

Über dem Voralptal dominiert das Sustenhorn, das von der Rückseite relativ leicht zugänglich ist.

VOM GROSSEN ST. BERNHARD
NACH SAAS FEE

Auf den Spuren der Walliser Haute Route

Für Skibergsteiger ist sie ein Unternehmen von ganz besonderem Renommee, eine wahre »Traumtour« und demzufolge die wohl berühmteste Durchquerung überhaupt in den Alpen: die Haute Route. Quer durch das Reich der majestätischen Walliser Drei- und Viertausender verlaufend, macht sie ihrem Namen wirklich alle Ehre. Nicht weniger großartige Eindrücke verspricht die Haute Route im Sommer, günstigerweise mit etwas abgewandelter Routenführung. Ausgerüstet mit einem umfangreichen bergsteigerischen Erfahrungsschatz wird dieses abenteuerliche »Gletschertrekking« zu einem Erlebnis der Superlative.

Seite 116/117: Prachtvolle Gletscherszenerien sind das Markenzeichen der Walliser Haute Route. Eine Seilschaft steigt gerade im Angesicht des Petit Mont Collon von der Vignetteshütte zum Col de Charmotane ab.

In Bergsteigerkreisen hat sich im Laufe der Zeit die Bezeichnung »Haute Route« regelrecht zu einem geflügelten Wort entwickelt, drückt es doch gleichermaßen Wesen und Faszination dieser herausragenden Unternehmungen aus. Als Vorreiter und Maßstab für alle möglichen Hautes Routes gilt der Klassiker von Chamonix nach Zermatt respektive Saas Fee, der nach einem Start im Mont-Blanc-Massiv im Wesentlichen einmal quer durch die Walliser Alpen führt. Seine Ursprünge liegen bereits um 1860. Zu dieser Zeit fanden britische Alpenpioniere eine durchgängige Verbindung über vergletscherte Hochgebirgspässe. Doch erst mit Beginn der Ski-Ära setzte allmählich der Boom ein. Anfang des 20. Jahrhunderts gelang die erste Winterdurchquerung, in deren Folge vor allem der Schweizer Skipionier Marcel Kurz die Haute Route durch Publikationen bekannt machte.

Rechts: Die Hütten von Hermettji oberhalb von Zermatt.

Rechte Seite: Die Auftaktetappe zum Col de Mille begeistert mit großartigen Ausblicken zum Mont-Blanc-Massiv.

So wird mit dem Begriff heutzutage eigentlich stets die Skidurchquerung verbunden. Speziell im April und Mai ist die Frequentierung entsprechend hoch, während die Tour im Sommer vergleichsweise geringen Stellenwert besitzt und deutlich seltener zur Gänze begangen wird. Das mag auch damit zusammenhängen, dass manche Übergänge ohne reichliche Schneeauflage problematischer oder zumindest sehr viel mühevoller zu bewältigen sind. Kraft schonende Abfahrten fehlen und die Gletscher stellen mit ihren großen, offenen Schründen manches Hindernis in den Weg. Dennoch wird das gestandene Hochtourengeher nicht abschrecken. Hier und da lässt sich flexibel auf einen günstigeren Routenverlauf ausweichen. So werden wir beispielsweise gleich am Anfang die schwierige Etappe über den Col du Sonadon durch eine sanftere Ouvertüre ersetzen. Dass die sommerliche Gebirgswelt im Übrigen wesentlich reicher an Kontrasten ist, wird niemand bestreiten. Schließlich bewegen wir uns ja nicht nur in Schnee und Eis, sondern wandern auch im Bereich üppig-grüner Matten, begegnen Tieren und Blumen und erfreuen uns am Gesamtgefüge der Natur, die in der warmen Jahreszeit ihre Vielfalt und Lebenskraft zur vollen Entfaltung bringt. In diesem Sinne ist die Haute Route eine gute Empfehlung – auch im Sommer!

Beschaulicher Auftakt am Fuße der Combingruppe

Zwecks homogenen Verlaufs, ohne die im Übergangsbereich zwischen Mont Blanc und Grand Combin auftretenden talnahen Zwischenstücke, wollen wir uns auf eine Durchquerung der Walliser Alpen beschränken. Sie wird den meisten mehr als genug sein, immerhin verspricht sie eine Beschäftigung für gut eine Woche lang. Der Start liegt somit in Bourg-St. Pierre, an der Nordrampe des Großen St. Bernhard. In den ersten Tagen unterscheidet unsere Walliser Haute Route noch nicht allzu viel von »gewöhnlichen« Gebirgsdurchquerungen. Was durchaus seinen Sinn hat: Gerade die allmähliche Annäherung an die spektakulären Landschaften aus Fels und Eis vermittelt eine besondere Vorfreude, baut gleichsam Spannung auf und lässt uns zudem den passenden Schritt finden.

Während wir über die Almen Creux du Mâ und Le Coeur an Höhe gewinnen, öffnen sich immer prächtigere Ausblicke über das Val d'Entremont zur Zackenreihe der Mont-Blanc-Gruppe. Im Süden beherrscht der Mont Vélan die Region um den Großen St. Bernhard. Entlang steiler Wiesen windet sich der Pfad an den Ausläufern der Combingruppe zum Col de Mille empor. Dort, auf der Kammschneide zwischen Val d'Entremont und Val de Bagnes, steht die Hütte gleichen Namens. Ihre Versorgung geschieht noch heute mit Hilfe eines Maultieres, so wie es früher bei vielen alpinen Stützpunkten Gang und Gäbe war. Umweltfreundlich ist das allemal. Nur einen Steinwurf entfernt bietet der Mont Brûlé die schönste Loge für ein ausgiebiges »Fernsehen« über die äußerste Südwestecke der Schweiz. Wer indessen schon mal die Dreitausendermarke anvisieren möchte, hat am Mont Rogneux eine erste Gelegenheit dazu.

Die vor einigen Jahren neu ausgebaute Verbindung zwischen Col de Mille und Cabane Brunet trägt die Fortsetzung im Bereich des Val de Bagnes. Malerische Alpweiden ringsum sowie die weiten Ausblicke über das Tal betören unsere Sinne. Im Hintergrund tauchen derweil die eisbedeckten Spitzen der inneren Walliser Alpen auf – vorerst noch auf Distanz, aber doch schon mit einer unwiderstehlichen Anziehungskraft. Von der Cabane Brunet steigen wir in einen abgeschiedenen Bergkessel auf, wo wir augenblicklich von der firngeschmückten Nordwand des Petit Combin in Bann gezogen werden – ein erster Vorgeschmack auf das Kommende. Dabei ist der Petit Combin nur ein Vorposten des viel mächtigeren Hauptmassivs, dessen Anblick uns jenseits

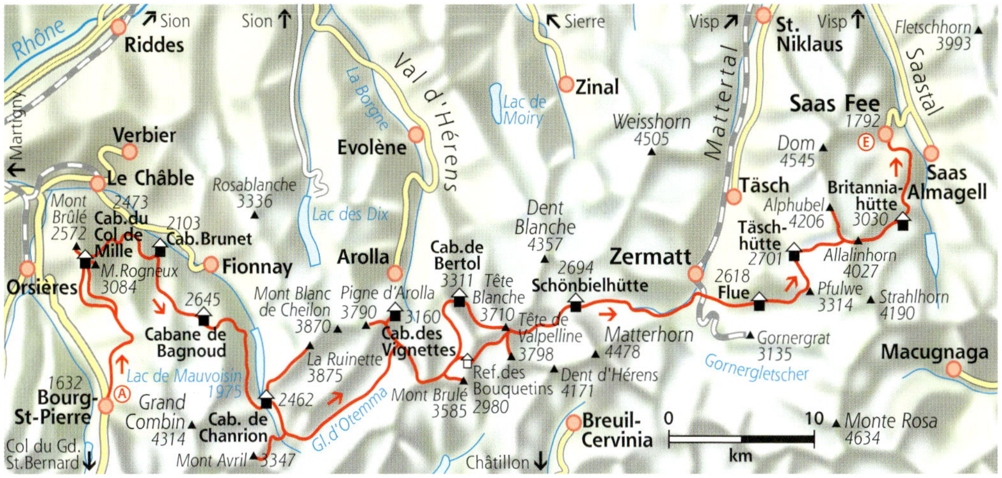

des Col des Avouillons wie ein Paukenschlag trifft. Über viele Kilometer zieht sich der Glacier de Corbassière von der mit Séracs und Eisbalkonen gespickten Gipfelkalotte des Grand Combin hinab – fast schon Himalaya-Dimensionen inmitten der Alpen. Nur ein kurzes Stück haben wir quer über das apere Eis des Gletschers zu bewältigen. Auf der gegenüberliegenden Seitenmoräne steht schon die neue Cabane Bagnoud, in den Neunzigerjahren als Ersatz für die von einer Lawine weggerissene Cabane de Panossière errichtet. Wenn am späten Abend die Eisbastion des Grand Combin im letzten Licht erglüht, wird jeder dem Zauber dieser Bergwelt verfallen sein.

Über dem Talschluss des Val de Bagnes

Welche Ausmaße das gesamte Combin-Massiv besitzt, wird uns am nächsten Tag erst richtig bewusst. Über den Col des Otanes verlassen wir die gewaltige Arena des Corbassière-Gletschers, die selbst in den Westalpen ihresgleichen sucht. Wenn wir am Ende eines siebenstündigen Marsches bei der Cabane de Chanrion angekommen sind, wird es gegenüber noch immer die ungeheure Wucht des Combin samt seiner Trabanten sein, die uns am stärksten beeindruckt. Doch welcher Weg dazwischen! Nach dem Abstieg vom Col des Otanes erreichen wir die Hänge oberhalb von Mauvoisin im hintersten Val de Bagnes. Ein lang gestreckter Stausee, in Nord-Süd-Richtung volle fünf Kilometer messend, füllt das Hochtalbecken aus. Wie in vielen Walliser Seitentälern macht sich die Energiewirtschaft den paradiesischen Wasserreichtum zunutze. Über die ganze Distanz begleiten wir den Lac de Mauvoisin an seiner Westseite, tauchen aber niemals zum breiten Uferweg hinab, sondern bleiben stets oben in der aussichtsreichen Flanke. Der Weg steigt bis kurz vor La Tsessette sogar wieder deutlich bergan, wird er doch im Bereich der »Meilensteine des Teufels« (Bornes de Diable) von jähen Felsabbrüchen in die Höhe gezwungen. Erst weit hinten, nachdem das Gletschervorfeld des Glacier de la Tsessette passiert ist, endet die lange Traverse und der Steig windet sich in die Talsohle hinab, nur um anschließend nochmals 400 Höhenmeter Gegenanstieg zur Cabane de Chanrion vor sich zu haben. Im Übrigen mündet hier auch die übliche Ski-Haute-Route ein, die – von der Cabane de Valsorey kommend – das Plateau du Couloir, den Col du Sonadon und den spaltigen Glacier du Mont Durand überquert.

Die Chanrionhütte bietet in ihrem Einzugsgebiet eine Reihe interessanter Gipfelziele, die durchaus einen zusätzlichen Tag verdienen. Zwei von ihnen seien exemplarisch

Linke Seite, oben:
Abendlicht verzaubert den Gletscherkessel unter dem Évêque.

Linke Seite, Mitte:
Auf der Variante über die Bertolhütte zeigt sich der Pigne d'Arolla besonders eindrucksvoll. Von der Vignetteshütte können wir seinen Gipfel in zwei Stunden erreichen.

Linke Seite, unten:
Die schroffen Bouquetins vermitteln das typisch wilde Ambiente der Walliser Hochalpen.

Steile Zacken:
Dent d'Herens (rechts) und Matterhorn, wie man sie von der Tête de Valpelline aus sieht.

Bild Mitte: Das Reich der Viertausender: Dominant die Dent Blanche, rechts dahinter Weisshorn, Zinalrothorn und Obergabelhorn.

herausgehoben: Für höhentaugliche Wanderer eignet sich besonders der Mont Avril. Leider verliert man beim Zustieg erst einmal fast 300 Höhenmeter, und der schuttbeladene Gipfelhang über dem Fenêtre de Durand will auch kein Ende nehmen. Doch die Position im Grenzkamm sorgt für eine exzellente Aussicht, zur Abwechslung vor allem auch über die Berge auf der italienischen Südseite. Von der Ruinette sollten sich indessen leidenschaftliche Hochtourengeher angesprochen fühlen. Sie werden einen der interessantesten Walliser Gipfel vorfinden, bei dem es noch ruhig und ursprünglich zugeht. Das Schicksal, kein Viertausender zu sein, entpuppt sich in Wirklichkeit als Gnade. Zumindest für denjenigen, der auch mit 3875 Metern gut leben kann.

Auf ins ewige Eis!

In weiterer Folge begeben wir uns auf der klassischen Route in den Kernbereich der Walliser Alpen. Das bedeutet von nun an stark vergletschertes Terrain, das erst in drei bis vier Tagen oberhalb von Zermatt wieder von lieblicheren Gefilden durchbrochen wird. Auf dem Glacier d'Otemma tauchen wir in eine geradezu arktisch anmutende Szenerie ein. Spätestens jetzt kommt die gesamte Alpinausrüstung zum Einsatz. Fast acht Kilometer zieht sich der Gletscher vom schuttbedeckten Zungenende bis zum Col de Charmotane hinauf, bei gerade einmal 500 Metern Höhengewinn. Man muss schon ein Faible für stundenlange Gletschermärsche haben, die besonders bei durchweichtem Schnee oder bei fortgeschrittener Ausaperung im späten Sommer zur beschwerlichen Angelegenheit werden können. Doch wer sich von dieser urweltlichen Landschaft fernab jeglicher Zivilisation gefangen nehmen lassen möchte, für den gehören einige Mühseligkeiten wohl einfach dazu. Am Col de Charmotane geht der Glacier d'Otemma nahtlos in den Glacier du Mont Collon über, der hier ein wunderbares Hochbecken bildet. Bevor wir weiter Richtung Col de l´Évêque aufsteigen, steuern wir linker Hand die Cabane des Vignettes an und besteigen gerne noch ihren Hausberg, den stolzen Pigne d'Arolla.

Am besten plant man diesen für den nächsten Morgen ein, wenn der Firn tragfähig ist und klare Luft die Bergwelt in ihrer ganzen Schönheit erstrahlen lässt. Anschließend ist noch genug Zeit, um über den Col de l'Évêque zum Refuge des Bouquetins zu wechseln, je nach Lust und Laune mit einem kurzen Abstecher auf die Pointes d'Oren oder einem etwas längeren auf den Mont Brulé. Zum Problem könnte allerdings das begrenzte Platzangebot im Refuge des Bou-

Erstes, zartes Sonnenlicht an der Dent d'Herens kündet von einem verheißungsvollen Tag.

quetins werden. Wer wie üblich eine voll bewirtschaftete Unterkunft erwartet, wird sich wundern: In der zwar geräumigen, aber dennoch oftmals nicht ausreichenden Biwakhütte ist Selbstversorgung angesagt. Man sollte also früh genug dort sein, um mit hoher Wahrscheinlichkeit einen Schlafplatz zu ergattern oder gegebenenfalls noch zur Cabane de Bertol ausweichen zu können. Diese liegt freilich rund vier Stunden entfernt; wie ein Adlerhorst klebt sie in gut 3300 Meter Höhe an den Felszacken über dem Col de Bertol. Von einem Durchmarsch bis zur Schönbielhütte (wie es per Ski häufig praktiziert wird) ist hingegen im Sommer strikt abzuraten: Zu lang zieht sich der mit erhöhten nachmittäglichen Unwägbarkeiten behaftete Gletscherübergang, als dass es eine Freude wäre.

Im Banne der Viertausender

Diesem Programm sollte man sich daher nur ausgeruht am frühen Morgen widmen. Eine erste Schlüsselpassage kann das Couloir unter dem Col du Mont Brulé sein – kaum mehr als 100 Höhenmeter, doch sehr unangenehm, wenn es schlechte Bedingungen aufweist. Die ausschweifende Traverse durch das flache Becken des Haut Glacier de Tsa de Tsan ist dann eher gutmütiger Natur. Immer wieder besticht der Kontrast zwischen den gleißenden Gletschern und den dunklen Urgesteinsfelsen, wie sie beispielsweise die Bouquetins zeigen. Zu einem Höhepunkt steigert sich die landschaftliche Pracht, sobald wir den Col de Valpelline erreichen. Plötzlich taucht auf der anderen Seite die imposante Zermatter Viertausender-Parade auf, mit dem Matterhorn als absolutem Blickfang. Das westseitige Profil erscheint ungewohnt, aber im Verein mit der benachbarten Dent d'Herens nicht minder eindrucksvoll als die berühmte Schauseite. Daneben begeistern Dent Blanche, Weisshorn-Gruppe, Mischabel ... Beinahe obligatorisch ist der Abstecher zur Tête de Valpelline – Haute-Route-Impressionen in höchster Vollendung.

Wer auf der Alternativroute über die Bertolhütte unterwegs ist, begeht den Glacier du Mont Miné hinauf zur Tête Blanche und stößt auf dem Stockjigletscher wieder dazu. Bei aller Euphorie, die bei Walliser Traumwetter durchaus angebracht ist, werden wir bald wieder daran erinnert, dass es sich hier keineswegs um Spaziergänge handelt. Am spaltenreichen Stockjigletscher tun sich Klüfte auf, in denen ganze Häuser verschwinden könnten. Zwar lässt sich den wildesten Brüchen geschickt über die Felsinsel des Stockji ausweichen, dennoch darf der Abstieg zur Schönbielhütte nicht auf die leichte Schulter genommen

Nach langen Gletscherübergängen treffen wir bei der Schönbielhütte wieder auf etwas Grün. Die Umgebung bleibt freilich hochalpin.

Eiskletterer am Allalinhorn, in der Tiefe der Feegletscher.

werden. Erst nachdem wir dieses gemütliche Refugium direkt vis-à-vis von Matterhorn und Dent d'Herens erreicht haben, löst sich die Anspannung in puren Landschaftsgenuss auf.

Nach mehreren Tagen ausschließlich in Eis und Schnee gibt es ab der Schönbielhütte ein beschaulicheres Intermezzo. Obwohl wir im Bannkreis der Zermatter Bergriesen verbleiben, bietet die folgende Etappe entspanntes Wandern auf bestens ausgebauten Trassen. Direkt am Fuße der Matterhorn-Nordwand sind wir zu Tagesbeginn noch ganz allein unterwegs. Zunehmend lebhafter geht es dann am Hotel Schwarzsee zu, wo eine Seilbahn jede Menge Touristen von der Leine lässt. Um die wunderbare Aussicht ins Mattertal noch länger zu genießen, verschmähen wir die Technik und wählen stattdessen den reizvollen Wanderweg, der uns hinab nach Furi bringt. Ganz hinunter bis ins quirlige Gewusel von Zermatt brauchen wir freilich nicht (der Zivilisationsschock wäre vermutlich auch zu krass); so machen wir bei Furi die »Biege« und steigen nach kurzer Querung Richtung Findeln und weiter zur Fluealp empor. Abends saugen wir die einzigartige Stimmung der Zermatter Bergarena nochmals tief in uns auf. Man mag zu touristischen Superlativen mitunter ein zwiespältiges Verhältnis haben – entziehen kann man sich der Magie dieser Landschaft wohl kaum.

Highlights zwischen Zermatt und Saas Fee

Für den Übergang ins Saastal stehen nun zahlreiche Varianten zur Verfügung, die durchweg streng hochalpinen Charakter besitzen. Wer die Tour »klassisch« vollenden möchte, begibt sich Richtung Adlerpass, dem Einschnitt zwischen Rimpfischhorn und Strahlhorn, um über den jenseitigen Allalingletscher zur Britanniahütte abzusteigen. An dieser Stelle soll jedoch eine andere Variante näher vorgestellt werden. Bei ihr vertagen wir den Wechsel auf die Saaser Seite zunächst und gelangen über die Pfulwe ins Hochtal der Täschalpen. Notabene: Der nahe Gipfel heißt genauso wie der Pass und sollte allein wegen des genialen Monte-Rosa-Blicks keinesfalls ausgelassen werden. Unser Etappenziel ist an diesem Tag die Täschhütte, die wiederum herrliche Blicke auf das Rimpfischhorn und das jenseits des Mattertals effektvoll platzierte Weisshorn bietet. An aufregenden Hochgebirgsbildern herrscht in dieser Gegend niemals Mangel.

Falls wir bis jetzt an all den mächtigen Viertausendern vorbeigegangen sind – zum Abschluss würde uns einer gut zu Gesicht stehen. Von der Täschhütte aus empfiehlt sich in erster Linie der markant abgeplattete Alphubel über seinen Südostgrat. Von dort wäre ein Direktabstieg auf die Saaser Seite zur Bergstation Längflue möglich, der allerdings wegen riesiger Eisbrüche auf dem Feegletscher nicht ganz unproblematisch ist. Man kann aber auch zum Alphubeljoch zurückkehren und über den Feekopf das Allalinhorn anpeilen. Um dessen Ruf als trivialer »Allerweltsviertausender« ad absurdum zu führen, ist diese rassige Überschreitung gerade recht. Denn der ausgesetzte Felsgrat zwischen Feekopf und Feejoch weist mit ein paar Zweierstellen durchaus alpine Würze auf. Mit dem viel begangenen »Gletscherschnellweg« von der U-Bahn-Station Mittel-Allalin treten wir dann nur noch am Gipfelaufbau des Allalinhorns kurz in Kontakt. 4027 Meter – die magische Grenze ist überschritten. Dem Ideal einer gemäßigten Hochtour kommt schließlich der landschaftlich wie alpinistisch prachtvolle Hohlaubgrat nahe, über den sich der Abstieg vollzieht.

Um dieses berauschende Finale gebührend zu feiern, sollten wir ruhig noch eine Übernachtung in der Britanniahütte anhängen, ehe wir unsere Walliser Haute Route auf dem Höhenweg über Plattjen nach Saas Fee ausklingen lassen. Im Anblick der majestätischen Mischabel wird uns das Fazit klar: Hinsichtlich ihrer Art und Anforderungen ist sie gewiss die Königstour in diesem Buch.

Links:
Auf dem Weg Richtung Zermatt geht es unmittelbar unter der Matterhorn-Nordwand entlang.

Rechts:
Im »Gletscherdorf« Saas Fee, unterhalb der mächtigen Mischabel, findet die Walliser Haute Route ihr Ende.

IM REICH DES ALPENSTEINBOCKS

Durch den Nationalpark Gran Paradiso

Gran Paradiso – welche Verheißung steckt in diesem Namen! Wer die eindrucksvolle, klimatisch begünstigte Gebirgsregion im äußersten Nordwesten Italiens auf Schusters Rappen erwandert, wird hier tatsächlich ein Paradies finden. Berühmt geworden durch die Erfolgsgeschichte des Alpensteinbocks ist der Nationalpark Gran Paradiso heute Sinnbild für eine unverfälschte Bergnatur. Ehemalige königliche Jagdsteige, schmale Hirtenpfade und anspruchsvolle Übergänge im Nahbereich der Gletscher durchziehen ein Gebiet, in dem sich der raue Ernst der Hochalpen mit bezaubernd südländischem Charme verbindet.

Seite 126/127: Alte Stadel künden von Zeiten, in denen die Almwirtschaft noch eine größere Rolle spielte. Vor allem in den südlichen Westalpen ist sie in dramatischem Rückzug begriffen.

Als 1821 die Steinbockjagd mittels einer königlichen Verordnung verboten und 1856 das Gebiet um den Gran Paradiso in ein streng beaufsichtigtes Jagdreservat umgewandelt wurde, waren dies die ersten Meilensteine zur Rettung des akut vom Aussterben bedrohten Alpensteinbocks. Ob dies aus echten Naturschutzgedanken heraus passierte oder ob das Königshaus nur um sein liebstes Hobby fürchtete, sei dahingestellt. Jedenfalls waren die Steinbockbestände in den gesamten Alpen bis dahin so gnadenlos zusammengeschossen worden, dass nur am Gran Paradiso noch einige Dutzend Exemplare überlebt hatten. Nach dem Ersten Weltkrieg schenkte Vittorio Emanuele III. das Revier dem italienischen Staat, mit der Auflage, dort einen Nationalpark zum Schutze der Flora und Fauna zu errichten. Dies geschah dann 1922; seitdem scheint die Erhaltung des Steinbocks gesichert. Nicht nur, dass die Population vor Ort wieder auf mehrere Tausend angewachsen ist, auch in anderen Alpenregionen haben erfolgreiche Wiederansiedelungen stattgefunden.

Dieser kleine Ausflug in die Historie mag verdeutlichen, warum der Steinbock im Nationalpark Gran Paradiso so im Mittelpunkt steht. Wer hier unterwegs ist, möchte vor allem die stoischen Tiere mit den imposanten Hörnern zu Gesicht bekommen, wofür es dann eine Reihe klassischer Wanderungen gibt. Als weitere »Location« mit Magnetwirkung erweist sich der Hauptgipfel der Region, der als einer der vermeintlich leichtesten Viertausender gilt und ambitionierte Gipfelstürmer anlockt wie das Licht die Motten. Damit konzentriert sich der Bergtourismus jedoch auf wenige neuralgische Punkte. Glücklicherweise sind landschaftsfressende Erschließungen für den Wintersport absolut marginal geblieben. Stattdessen breitet sich mit dem Nationalpark einer der größten ursprünglich erhaltenen Naturräume der Alpen aus, verstärkt noch durch den geografischen Zusammenschluss mit dem französischen Nationalpark Vanoise, der ja bereits im ersten Band der »Traumpfade« vorgestellt wurde.

Auf dem Weg aus dem Val Grisenche nach Valnontey bei Cogne stellt uns das schroffe Relief einige Hürden in den Weg. Recht bekannt ist die »Alta Via 2«, die bereits von der Südseite des Mont-Blanc-Massivs ausgehend die verschiedenen Kammzüge der Rutor- und Paradisogruppe einen nach dem anderen überschreitet. Dieses mühevolle, ständige Auf und Ab zwischen Berg und Tal hat zweifellos seine Reize, entspricht allerdings nicht unbedingt der Idealform alpiner Durchquerungen, wie sie in diesem Buch vorgestellt werden. Wir wollen nach Möglichkeit durchwegs auf die alpinen Stützpunkte zurückgreifen und wählen dafür in weiten Teilen eine südlichere Linie, die in den Karten als »Alta Via 4« ausgewiesen ist. Doch Obacht: Eine korrespondierende Markierung trifft man im Gelände nur selten an, was das Zurechtfinden hier und da erschweren kann. Insgesamt verlangt die Tour schon ein wenig Bergerfahrung, zumal man häufig in rauem Gelände unterwegs ist und dabei Höhen von deutlich über 3000 Metern erreicht.

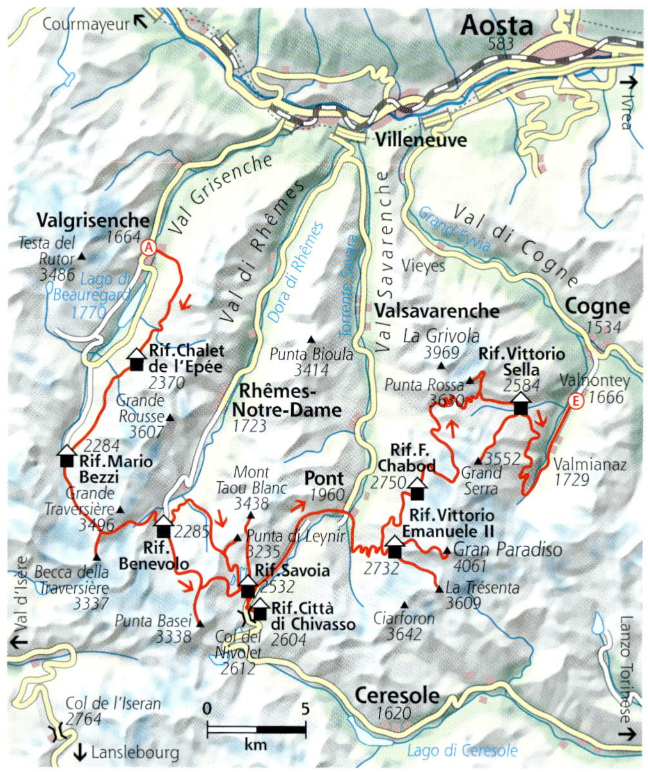

Rechts: Der Alpensteinbock ist das Wappentier des Nationalparks Gran Paradiso.

Vom Val Grisenche ins Val di Rhèmes

Als anregender Einstieg eignet sich die Höhenwanderung auf der östlichen Seite des Val Grisenche, die uns nach kurzem Bergauf südwärts bis zum Rifugio de l'Epée, einer umfunktionierten Alm, führt. Blickfang

Rechte Seite, oben: Beim Aufstieg zum Col Bassac Deré beeindruckt uns der gewaltige Kammzug der Sassière, über den die italienisch-französische Grenze verläuft.

Rechte Seite, unten: Das halbtonnenförmige Rifugio Vittorio Emanuele ist als Ausgangspunkt für den Gran Paradiso einer der meistfrequentierten Stützpunkte in den gesamten Westalpen.

sind vorerst die gegenüberliegenden Gipfel der Rutorgruppe, die schon ordentliches Westalpenformat besitzen. Unser Weg zieht meist oberhalb der Waldgrenze dahin, teilweise in steinigem Gelände, teilweise durch Almgebiete, die aber nicht mehr überall bestoßen werden. In den kommenden Tagen werden wir noch häufiger Relikten einer bergkulturell reicheren Zeit begegnen. Hinter dem Rifugio de l'Epée wandern wir durch den Moränenkessel unter der Grande Rousse zur aussichtsreichen Felsrippe der Becca Refreita und weiter quer durch die Hänge auf die Schulter des Mont Vaudet, von der es hinab in die Talsohle des inneren Val Grisenche zum Rifugio Bezzi geht. Diese abwechslungsreiche Hüttenverbindung existiert übrigens erst seit kurzem, weshalb man nicht verdutzt sein sollte, wenn sie in manchen Kartenwerken noch nicht eingezeichnet ist. »Alta Via di Val Grisenche« wäre ein wirklich passender Name für den schönen Höhenweg.

Am nächsten Tag begeben wir uns in den hintersten Talwinkel, aus dem der schon mehr als 3000 Meter hohe Col

Links: Ciarforon (links) und Becca di Monciair als Blickfänge während des Aufstieges zum Rifugio Vittorio Emanuele.

Rechts: Vis-à-vis der Becca della Traversière baut sich die Tsanteleina auf.

Bassac Deré einen Durchschlupf ins benachbarte Val di Rhèmes ermöglicht. Allmählich tritt das Grün zurück, dann umgeben uns kargere Schuttflanken und der große Gletscherstrom des Ghiacciaio di Vaudet. Eine grandiose Bergszenerie umrahmt diesen Kessel, dominiert von der mächtigen Grande Sassière, die in jeder Ostalpengruppe ein absolutes Highlight wäre. Um dieses hochalpine Gefüge noch stärker auf uns wirken zu lassen, sollten wir den Abstecher zur Becca della Traversière keinesfalls versäumen. Denn dort ist nicht nur die nähere Umgebung, etwa die Nordwand der Tsanteleina, sehenswert; es öffnen sich auch weite Ausblicke Richtung Vanoise, Mont Blanc und Walliser Alpen. Im Nordosten erkennen wir – parallel zum Val Grisenche – die Furche des Val di Rhèmes. Auf einer begrünten Anhöhe über dem Talschluss gelegen und von einer Anzahl stattlicher Dreitausender wie Granta Parei und Grande Traversière umgeben, ist das Rifugio Benevolo unser Tagesziel.

Hinüber ins Val Savarenche

Für die folgende Etappe, die uns nicht nur hinüber zu den Hütten am Col del Nivolet, sondern jetzt auch nominell in die Zone des Nationalparks führt, stehen zwei Varianten zur

Verfügung. Der alpinere, auch spärlicher bezeichnete und weniger frequentierte Übergang ist jener über den Col de la Nivolettaz. Er führt ohne allzu ausgeprägten Steig im Angesicht einer urtümlichen Gletscher- und Moränenlandschaft unmittelbar an der Punta Basei vorbei, einem der stolzen Gipfel im Bereich des Grajischen Hauptkamms. Von dem hoch gelegenen Sattel ist es nur noch ein Katzensprung über seinen wenig schwierigen Nordgrat. Auch beim ostseitigen Abstieg müssen wir etwas Geschick bei der Wegsuche beweisen, denn mitunter sind Steigspuren zwischen Steinplatten, Schutt und Schneefeldern kaum kenntlich.

Etwas leichter ist die Verbindung über den Col Rosset, die damit als Hauptroute gelten darf. Sie leitet durch ein typisches Hochtälchen (hier als »Vallone« bezeichnet) aufwärts und bereitet nur im steilen Schlussanstieg zur Scharte etwas Mühe. Nach allfälligem Abstecher zur Punta di Leynir geht es drüben auf die weitläufige, in mehreren Stufen angelegte Seenplatte am Col del Nivolet hinab. Dort umgibt uns eine offen wirkende Passlandschaft mit grünen Wiesenböden und zahlreichen Seen unterschiedlichster Größe. Im Hintergrund zieht die Kette der Levanna die Blicke auf sich. Als ziemliche Ungereimtheit erscheint mir allerdings die Straße von Ceresole Reale zum Col del Nivolet, die zahllose motorisierte Ausflügler aus dem Piemont heraufbringt und gewiss keine logische Koexistenz mit dem Nationalpark bildet. Ursprünglich war sie sogar als Verbindung ins Val Savarenche vorgesehen – wenigstens diese Pläne sind inzwischen vom Tisch.

Damit wäre nämlich das weite, fast tundrenhaft anmutende Nivolet-Hochtal, in das wir im weiteren Verlauf absteigen, nachhaltig zerstört worden. Zuvor sei allen noch der Mont Taou Blanc ans Herz gelegt, von dem man besonders das zentrale Paradiso-Massiv ausgezeichnet begutachten kann. Wo gibt es schon solch hohe Gipfel zum normalen »Wandertarif« – noch dazu in einer derartigen Fülle! Es ist eine Folge der klimatischen Bedingungen: Abgeschirmt durch die gewaltigen Bergketten im Westen und Norden gilt die Paradisogruppe als eines der mildesten Alpengebiete. So steigt die Baumgrenze auf fast zweieinhalbtausend und die Schneegrenze auf rund dreieinhalbtausend Meter. Nichtsdestotrotz zeigen sich größere Areale vergletschert.

Wer zum Beispiel den hochalpinen Übergang über den Colle di Punta Foura zum Rifugio Vittorio Emanuele ausprobiert, hat mehrere Gletscherzungen zu queren und wird überdies mit rauem Moränengelände ausgiebig Bekanntschaft schließen. Da diese Verbindung ziemlich heikel sein kann, soll sie hier nicht weiter empfohlen werden. Stattdessen steigen wir wie erwähnt in beschaulicher Manier über den Piano del Nivolet nach Pont im hintersten Val Savarenche ab.

Auf Tuchfühlung mit dem Gran Paradiso

Pont besteht zwar nur aus ein paar Häusern und einem Campingplatz, doch als Tor zum Gran Paradiso herrscht hier stets reges Treiben. An schönen Tagen gleicht der Weg hinauf zum berühmt-berüchtigten Rifugio Emanuele einer Ameisenstraße. An ihrer Ausrüstung kann man sie unterscheiden: Wanderer, denen die Hütte Ziel eines Tagesausflugs ist, und Hochtourengeher, die mit Pickel, Steigeisen und Seil bepackt am nächsten Tag dem Gran Paradiso zu Leibe rücken wollen. Um den Andrang einigermaßen in den Griff zu bekommen, ist im Rifugio Emanuele ein obligatorisches Reservierungssystem eingeführt worden (Info-Stand in Pont). Wer keine Gipfelambitionen hegt, sollte dort vielleicht nur einen Zwischenstopp einlegen, die nächste Übernachtung aber lieber im Rifugio Chabod einplanen. Ein attraktiver Höhenweg mit fantastischen Blicken über das v-förmig eingeschnittene Val Savarenche verbindet die beiden Hütten miteinander.

Mit Überschreitung des Colle di Grand Neyron kommt einmal mehr der Mont Blanc samt Trabanten ins Blickfeld.

Doch soll die imposante Gipfelkette über dem Rifugio Emanuele an dieser Stelle nicht außer Acht gelassen werden. Auch wenn sich dem Anschein nach alles nur um den Gran Paradiso dreht – die Umgebung hat noch andere Leckerbissen zu bieten. Zum Beispiel die Tresenta, eine hervorragende Einstimmungs- und Akklimatisierungstour für den Gran Paradiso, die trotz einer Gletschertraverse auch für routinierte Bergwanderer machbar ist. Anspruchsvoller sind dagegen Ciarforon und Becca di Monciair, die beiden Schaustücke am Rifugio Emanuele. Wer den Ciarforon von Nordost nach Südwest überschreitet und die Becca di Monciair über ihren Nordostgrat anhängt, hat gewiss eine der packendsten Hochtouren weit und breit absolviert. Sie übertrifft in alpinistischer Hinsicht sogar den Gran Paradiso selbst, doch ist dieser wortgemäß der absolute Höhepunkt. Der Aufstieg lässt sich auch vom Rifugio Chabod ausführen, allerdings auf einer wesentlich spaltenreicheren Route über den Laveciaugletscher, die erst im oberen Teil mit dem Normalweg zusammentrifft. Zur letzten Hürde vor Erreichen der Madonna können noch die ausgesetzten Gipfelfelsen werden, insbesondere wenn das Getümmel mal wieder sehr groß ist. Und die Aussicht? Sie ließe sich mehr oder weniger detailliert in Namen von Berggipfeln und ganzer Gruppen schildern (was in diesem Fall immensen Platz beanspruchen würde); in emotionaler Hinsicht jedoch ist sie schlichtweg unbeschreiblich …

Abschluss im urwüchsigen Valnontey

Abgesehen von den Gipfeln steht uns die größte Herausforderung beim Übergang vom Rifugio Chabod zum Rifugio Sella bevor – auch landschaftlich die wohl spannendste Etappe. Zweimal sind an diesem Tag Scharten von fast 3300 Meter Höhe zu meistern, in einem Fall wird es bergsteigerisch sogar recht anspruchsvoll. Spielen Wetter und Verhältnisse nicht mit, kann vor allem der exponierte Felsgrat am Colle di Neyron zum ernsthaften Hindernis werden. Am kettengesicherten, nordseitigen Steilabbruch dürfte für einen kleinen Nervenkitzel gesorgt sein. Der annähernd gleich hohe Col Lauson, den wir nach einigem Zwischenabstieg überschreiten, gibt sich hingegen deutlich gutmütiger, schließlich ist hier schon zu Zeiten Vittorio Emanueles II. ein ordentlicher, serpentinenreicher Saumpfad ins Gelände gelegt worden. Nach einem Abstecher auf die nahe Punta del Tuf – die im Vergleich zum Pass eine wesentlich erweiterte Aussicht bietet, was aber anscheinend die meisten nicht wissen – führt uns der Weg ins Hochtal von Lauson und zum stark besuchten Rifugio Sella hinab.

Falls wir bis jetzt noch keinen Steinböcken begegnet sind (was allerdings recht unwahrscheinlich sein dürfte) – hier im Vallone di Lauson sollte es eigentlich klappen. Oft kann man sich ihnen sogar bis auf wenige Meter nähern; erst wenn eine gewisse Schwelle unterboten ist, ziehen sie etwas beleidigt von dannen. Da sind die Gämsen, die es ebenfalls häufig gibt, naturgemäß etwas scheuer. Außer der Möglichkeit zur ausgiebigen Tierbeobachtung zeigt sich ringsum ein interessantes Gipfelangebot. Am begehrtesten sind Gran Serra und Punta della Rossa; bei Letzterer, die wiederum erfahrenen Bergwanderern zugänglich ist, kommt man zudem besonders nah an die Grivola heran. Nur 31 Meter fehlen diesem wohl beeindruckendsten Gipfel der Paradisogruppe zur magischen Viertausendermarke.

Den schönsten Ausklang bietet nun nicht etwa der direkte Abstieg nach Valnontey, sondern vielmehr die Schleife über die Casolari dell'Herbetet. Der großartige Höhenweg steht ganz im Zeichen der wilden Bergumrahmung des inneren Valnontey, die uns nochmals voll in Bann schlägt. Ein Hochalpentalschluss wie aus dem Bilderbuch! Beim Abstieg in die Talsohle stellen wir angesichts der immer üppiger werdenden Vegetation fest, dass diese Region auch ein großes Blumenparadies ist. Natürlich bringt ein solches Klima eine Artenvielfalt sondergleichen hervor. Kein Zweifel, das Versprechen hat sich eingelöst: Gran Paradiso – ein wahres Paradies, nicht nur für Fauna und Flora, sondern auch für uns Menschen, die wir uns den unversehrten Schönheiten der Natur auf behutsame Weise nähern möchten. Einfach ein Paradies auf Erden.

Wie Himalayariesen ragen Gran und Piccolo Paradiso in den stahlblauen Himmel.

Linke Seite, oben: Wanderer unterhalb des Col Lauson, hoch über dem Val Savarenche.

Linke Seite, unten: Der kantige Herbetet ist einer der formschönen Gipfel der zentralen Paradisogruppe.

MEDITERRANER ZAUBER
AM ENDE DER ALPEN

Eine Rundwanderung durch die Seealpen

Wo sich wenige Kilometer vom Mittelmeer entfernt schroffe Felsberge bis in Höhen von fast 3300 Metern erheben, wo der Hauch des Südens weht und die alte okzitanische Kultur zu Hause ist, dort liegen die Seealpen. Das Grenzgebirge zwischen Frankreich und Italien bietet eine verblüffend hochalpine Szenerie in mediterraner Umgebung. Rund um die Argentera sowie im Mercantour ermöglicht eine ganze Anzahl Schutzhütten und Passübergänge eine hochinteressante Durchquerung des Gebietes. Wer einmal fernab gängiger Modegebiete in einem ausgesprochen urwüchsigen Winkel der Alpen unterwegs sein möchte, findet hier ein ideales Betätigungsfeld.

Seite 134/135: Der Lac de la Fous mit dem Refuge de Nice und seinem Hausberg, dem Mont Clapier, gleichzeitig südlichster Dreitausender der Alpen.

Von den Touren dieses Buchs kommt der Seealpen-Durchquerung die Bedeutung eines krassen Außenseiters zu, verursacht einzig und allein durch die geografische Lage am hintersten Ende unserer (Alpen-)Welt. Die wenigsten werden selbst schon mal dort gewesen sein, viele nicht einmal ein paar Namen kennen oder wissen, wo diese Seealpen eigentlich genau liegen. Natürlich hängt das auch damit zusammen, dass dieses Gebiet im deutschsprachigen Schrifttum bisher äußerst stiefmütterlich behandelt wurde. Bei mir persönlich ruft das nicht selten eine gewisse Neugier hervor. Und siehe da: Wer sich ein wenig damit beschäftigt, wird feststellen, dass es eine Bergregion voller landschaftlicher Kostbarkeiten zu entdecken gibt, die wesentlich mehr Aufmerksamkeit verdient hätte. So hoffe ich, mit dem etwas exotischen, südalpin-mediterranen Flair sowie dem Reiz des Ausgefallenen doch bei dem einen oder anderen Interesse zu wecken.

In ihrer Gesamtheit sind die Seealpen ein sehr ausgedehntes Gebiet, das sich vom italienischen Piemont bis unmittelbar an die Côte d'Azur erstreckt. Der flächenmäßig größte Teil ist eher voralpin geprägt, doch trifft man im Zentrum der Gruppe allenthalben auf eine wilde, ursprüngliche Hochgebirgsszenerie, die keinen Vergleich zu scheuen braucht. Zwei der wichtigsten Schutzgebiete in den südwestlichen Alpen, der französische Parc National du Mercantour und der unmittelbar anschließende Parco Naturale Alpi Marittime auf italienischer Seite, bilden den Kern. Diese Areale sind nicht nur die landschaftlich attraktivsten, sondern auch vorzüglich geeignet hinsichtlich einer mehrtägigen Tour von Hütte zu Hütte, die zudem noch vielfältig variiert werden kann.

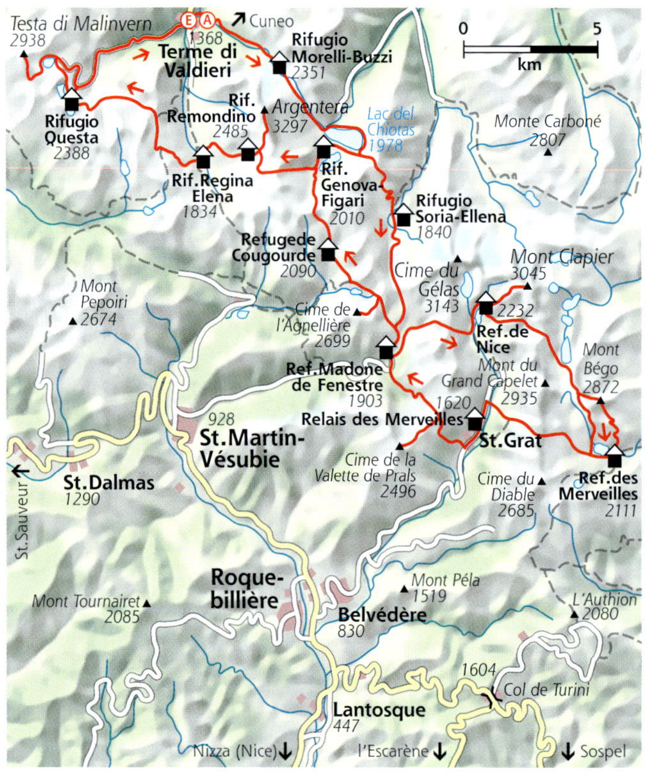

Tourenstart in Terme di Valdieri

Als vorteilhafte Ausgangspunkte kommen – zumal sie direkt am Routenverlauf liegen – die Ortschaft St. Grat im französischen Vallon de Gordolasque sowie Terme di Valdieri im italienischen Val Gesso in Frage. Da die Autobahn via Turin für Besucher aus dem Norden den günstigsten Anfahrtsweg bietet, soll Terme di Valdieri unser Eintrittstor bilden. Hier teilt sich das hintere Val Gesso in drei Äste, die allesamt in die eindrucksvolle Hochregion der Seealpen aufschließen. Zur Einstimmung gefällt uns der Aufstieg durchs Vallone di Lourousa zum Rifugio Morelli-Buzzi, der ganz im Zeichen der abweisenden Nordwände von Monte Stella und Punta del Gelas Lourousa steht. Im Rückblick beherrscht die jähe Südflanke des Monte Matto das Bild. Trotz des mediterranen Anstrichs, der vor allem von den tief eingeschnittenen Tälern ausgeht, fesselt uns von Beginn an der strenge Charakter und das stark gegliederte Relief der Seealpen. Weder die Höhenunterschiede noch das raue, oft steinige Gelände sind auf die leichte Schulter zu nehmen.

Allerdings sind viele Wegtrassen sehr gut angelegt, so auch jene über den Colle del Chiapous. Sie folgt übrigens der Grande Traversata degli Alpi (kurz GTA), einem der wenigen Markenzeichen der südwestlichen Alpen, die überregionalen Bekanntheitsgrad erlangt haben. Die GTA ist eine wahre Mammuttour durch sämtliche Berggebiete des Piemonts, die seit Jahrzehnten unter einer teilweise dramatischen Entvölkerung zu leiden haben. Damit sterben nicht nur uralte Kulturwerte und Traditionen aus, auch die Natur ist in starker Umwälzung, einer ungewollten Vergandung und Verwilderung begriffen. Es scheint, als läge die einzige Chance den Niedergang aufzuhalten, in der Förderung des Tourismus, wozu Initiativen wie die GTA einen Beitrag leisten.

Vom Colle del Chiapous steigen wir auf einem Saumpfad zu Füßen des mächtigen Argentera-Massivs zum Lago del Chiotas ab. Auf der anderen Seite des großen Stausees befindet sich das Rifugio Genova-Figari, an dem wir in einigen Tagen nochmals vorbeikommen werden. Wer nur einen drei- bis viertägigen Kurztrip auf italienischer Seite unternehmen möchte, kann hier die engere Schleife wäh-

Rechte Seite, oben links: Am Col de Fenestre treffen sich der Parc National du Mercantour und der Parco Naturale Alpi Marittime.

Rechte Seite, oben rechts: Vom Colle di Fenestrelle erblickt man die Cime Gelas, einen der mächtigsten Gipfel im Seealpen-Hauptkamm.

Rechte Seite, unten: Stützpunkt auf der großen Seealpen-Runde: das Refuge de Nice.

len (»Rund um die Argentera«). Ansonsten wechseln wir auf dem nächsten Teilstück der GTA über den Colle di Fenestrelle zum Rifugio Soria-Ellena. In zahlreichen Serpentinen windet sich der Steig empor und jenseits im Angesicht des wuchtigen Gelas wieder abwärts bis auf den freundlichen Hochtalboden des Piano del Praiet. Ein ganz ähnlicher Verlauf vollzieht sich anschließend über den Col de Fenestre, womit am dritten Tag die Grenze nach Frankreich überschritten wird.

Im Nationalpark Mercantour

Damit sind wir gleichzeitig von einem Schutzgebiet ins andere gewechselt. Auf den nächsten Etappen begleitet uns immer wieder das Symbol des Nationalparks Mercantour, der 1979 fast zeitgleich mit dem Naturpark Argentera ins Leben gerufen wurde. Genau wie dort zeichnet sich die Gegend durch eine vielfältige Tier- und Pflanzenwelt aus. Steinböcke, Gämsen und Murmeltiere lassen sich häufig aus der Nähe beobachten. Mit etwas Glück entdeckt man hoch oben in der Luft sogar Bartgeier, die hier seit einigen Jahren wieder heimisch geworden sind. Die Flora umfasst viele Arten, die in anderen Alpengebieten fehlen. Natürlich ist nirgendwo sonst der mediterrane Einfluss so offenkundig wie hier. Beim Abstieg zum alten Hospiz Madone de Fenestre kehren wir dem Seealpen-Hauptkamm den Rücken und blicken über die wesentlich sanfteren Vorberge im Süden. Eine malerische Landschaft voller Kontraste umgibt uns.

Richtung Osten ist nun das Refuge de Nice unser nächstes Ziel, erreichbar über die enge Bresche des Pas du Mont Colomb im Gratausläufer der Cime Gelas. Einschüchternd wirken die kantigen Felsen ringsum. Für ambitionierte Gipfelstürmer offeriert sich mit dem Mont Clapier einer der lohnendsten Dreitausender – übrigens der südlichste überhaupt in den Alpen. An klaren Tagen lässt sich von dort der Spiegel des Mittelmeeres ausmachen und am fernen Horizont ein Eiland, dass einem fast wie eine Fata Morgana erscheint. Es kann sich nur um Korsika handeln …

Größter Schmuck der Seealpen sind Bergseen wie der Lac de Trecolpas; dahinter der Mont Pelago.

Rechte Seite, oben: Obwohl dem Mittelmeer nahe, unterstreicht die Umgebung des Lago del Chiotas den hochalpinen Charakter der Seealpen.

Rechte Seite, unten: Beim Refuge de Cougourde öffnet sich ein malerischer Gebirgskessel.

Eine der spannendsten Etappen dieser Tour führt vom Refuge de Nice zum Refuge des Merveilles. Mit der Baisse du Basto und der Baisse de Valmasque überschreitet man zwei weitere typisch steinbewehrte Pässe – soweit nichts Außergewöhnliches. Die eigentliche Faszination geht jedoch vom Seenreichtum aus, der in den Seealpen generell schon bemerkenswert ist, hier aber einen Höhepunkt erfährt. Als »Perlen« der Landschaft üben die idyllischen Gewässer eine enorme Anziehungskraft aus. Da wird manch einer vielleicht einen anvisierten Gipfel, der ohnehin zumeist nur mühsames Blocktreten bieten würde, sausen und stattdessen lieber an irgendeinem Ufer die Seele baumeln lassen. Der Reigen beginnt mit dem Lac de la Fous, in dessen Nähe das Refuge de Nice steht, und endet vorläufig bei der Seenplatte im »Tal der Wunder«, wie das Vallée des Merveilles in der deutschen Übersetzung heißt.

Vom Tal der Wunder bis zur Quelle des Boréon

Die »Wunder« beziehen sich aber noch auf eine andere Besonderheit; eigentlich müsste man vielmehr von einer Sensation – nämlich einer archäologischen – sprechen. Gemeint sind die über 40000 Felszeichnungen rund um den Mont Bego, die während der Bronzezeit vor etwa 4000 bis 5000 Jahren entstanden sind. Solche Gravuren, die meistens Menschen, Tiere, Waffen oder manchmal auch geometrische Figuren darstellen, sind zwar in vielen Gebieten der Alpen anzutreffen, nirgends aber in einer solch hohen Zahl und Dichte wie hier. Daraus lässt sich folgern, dass das Hochgebirge schon vor Urzeiten durchaus keine unbetretene Wildnis war, sondern bereits zum kulturellen Lebensraum gehörte. Zahlreiche Darstellungen weisen religiösen Bezug auf; wahrscheinlich vermutete man in den Bergen, aus denen das lebensnotwendige

Wasser kam, den Sitz der Gottheiten. Übrigens dürfen die markierten Wege in den ausgewiesenen Zonen des Vallée des Merveilles nicht auf eigene Faust verlassen werden. Wer mehr über die Entstehung der Felszeichnungen erfahren möchte, sollte sich einer geführten Exkursion (vom Refuge des Merveilles aus) anschließen.

Über den Pas de l'Arpette verlassen wir diese berühmte, mystisch wirkende Gegend und steigen auf einem ziemlich ruppigen Pfad weit ins Vallon de Gordolasque ab. Leider wird in manchen Bereichen der Seealpen das ursprüngliche Ambiente durch Anlagen für die Stromerzeugung ein wenig gestört, was ja für wasserreiche Gebirgsareale nichts Ungewöhnliches ist. Bevor es an der gegenüberliegenden Talseite wieder bergauf geht, können wir uns im locker verstreut liegenden Ort St. Grat im Gîte d'étape namens »Relais des Merveilles« einquartieren. Von dort folgt mit der Etappe via Baisse de Prals und Baisse des Cinq Lacs eine Wanderung durch den von weicheren Schiefergesteinen geprägten voralpinen Bereich, die uns zurück zum Kreuzungspunkt Madone de Fenestre bringt. Dieser ist uns ja mittlerweile bekannt. Anschließend nähert man sich wieder der Zone der widerstandsfähigeren Gneise und Granite, die den Hauptkamm aufbauen. Nach einem Abstecher auf die aussichtsreiche Cime de l'Agnellière wechseln wir über den Pas des Ladres in die Mulde von Trecolpas (wieder so ein malerisches Kleinod von See!), ehe wir in Kürze das Refuge de Cougourde im Talschluss des Boréon erreichen.

Über hohe Pässe zurück ins Piemont

Wer mitgezählt hat, kommt inzwischen bereits auf zehn Passübergänge, die mitunter ein wenig rau, aber zumeist auf markierten Trassen verliefen. Das wird sich nun ändern. Die Rückkehr über den Passo di Rovina nach Italien und der folgende Abschnitt über den Colle di Brocan sind gewiss die anspruchsvollsten der gesamten Tour. Das Terrain ist steil und abschüssig, zudem existieren lediglich ein paar Steinmännchen als Routenbezeichnung. Wer hier in dichten Nebel gerät, hat schlechte Karten. Je nach Verhältnissen kann auch eine Alpinausrüstung mit Pickel und Steigeisen nützlich bis nötig sein, wie ich anlässlich einer Begehung im schneereichen Frühsommer 2004 feststellen musste. Doch wer in den vorhergehenden Tagen mit den Eigenheiten der Seealpen vertraut geworden ist, wird den weglosen Übergang vom Refuge de Cougourde zum Rifugio Genova-Figari beherzt und selbstbewusst anpacken.

Beiderseits, sowohl unter dem Massiv der Cougourde als auch im Brocankessel, begleiten uns imposante Hochgebirgskulissen. Gleiches gilt auch für die Umgebung des architektonisch eigenwilligen Rifugio Remondino, wo wir nochmals auf Tuchfühlung mit der Argentera und ihren rassig anmutenden Trabanten gelangen. Die Normalroute auf den höchsten Gipfel der Seealpen – durch ein berüchtigt steiles Couloir zum Passo dei Detriti, schließlich auf einem ausgesetzten Felsband ganz hinauf – ist im Grunde mehr Plackerei als bergsteigerischer Genuss, wenn da nicht die gigantische Aussicht wäre. Hoffentlich ist man früh genug oben, denn quellen an den aufgeheizten Fels-

Eine eigenwillige Bauweise offenbart das Rifugio Remondino am Fuße der Cima Argentera. Der höchste Gipfel der Seealpen wird von hier aus angegangen.

Im Valle del Valasco klingt unsere reizvolle Rundtour im südlichsten Revier der Alpen aus.

flanken erst einmal die feuchten, maritimen Luftmassen, dann gibt es oft nur noch den Blick in eine »Waschküche«. Schade wär's.

Vom Rifugio Remondino steigen wir zum Piano della Casa del Re im Talschluss des Valle della Valletta ab. Durch dieses könnte man gleich hinaus nach Terme di Valdieri marschieren, doch verspricht der Umweg über das Rifugio Questa einen wesentlich reizvolleren Ausklang. Nochmals geht es bergauf, an der Terrasse mit den Laghi di Fremamorta vorbei und über den Colletto del Valasco auf schönem Höhenweg zur letzten Hütte. Während bergseitig die seenverzierte Karmulde von steilen Urgesteinzacken eingefasst wird, schweift der Blick durchs Valle del Valasco talauswärts. Wer von den herrlichen Gebirgsseen indes noch immer nicht genug hat, hängt anderntags noch die kleine Schleife über die Laghi di Valscura an, um durchs wundervolle Valle del Valasco den Kreis zu schließen. Da wird man womöglich auf den idyllischen Wiesenböden der Piani del Valasco oder am ehemaligen königlichen Jagdschloss von Vittorio Emanuele II., der hier eines seiner bevorzugten Reviere hatte, länger als geplant verweilen. Die Trennung fällt schwer, denn ob die Seealpen bei ihrer geografischen Abgelegenheit so bald wieder zum Ziel einer Reise werden, ist ungewiss. Verdient hätten sie es allemal.

Zauberhafte Landschaft beim Refuge de Cougourde.

Impressum

Ein kostenloses Gesamtverzeichnis erhalten Sie beim
Bruckmann Verlag
D-81664 München

www.bruckmann.de
www.bergsteiger.de

Lektorat: Simone Calcagnotto/Sabine Klingan
Layout: Buchflink Rüdiger Wagner, Nördlingen
Repro: Scanner Service S.r.l.
Kartografie: Christian Rolle, Umweltkartografie und Geoinformationstechnik, Holzkirchen
Herstellung: Thomas Fischer

Alle Angaben dieses Werkes wurden vom Autor sorgfältig recherchiert und auf den aktuellen Stand gebracht sowie vom Verlag geprüft. Für die Richtigkeit der Angaben kann jedoch keine Haftung übernommen werden. Für Hinweise und Anregungen sind wir jederzeit dankbar. Bitte richten Sie diese an:
Bruckmann Verlag
Lektorat
Innsbrucker Ring 15
D-81673 München
E-Mail: lektorat@bruckmann.de

Bildnachweis: Alle Abbildungen stammen von Mark Zahel.

Umschlag vorne: Panoramablick vom Söllerpass im Wetterstein.

Umschlag hinten: Der Nidersee im oberen Leutschachtal (Urner Alpen) mit der Hintergrundkulisse der Maderanertaler Berge. Links am Hang steht die Leutschachhütte.

S. 4: Beim Aufstieg zur Ehrwalder Sonnenspitze präsentiert sich die Umrahmung des Schwärzkars im schönsten Licht.

S. 5: Wanderer auf dem Moränensteig zwischen Breslauer Hütte und Wildem Mannle (Ötztaler Alpen).

Die Deutsche Bibliothek – CIP Einheitsaufnahme
Ein Titeldatensatz für diese Publikation ist bei der Deutschen Bibliothek erhältlich.

Printed in Italy by Printer Trento S.r.l.
ISBN 3-7654-4189-9